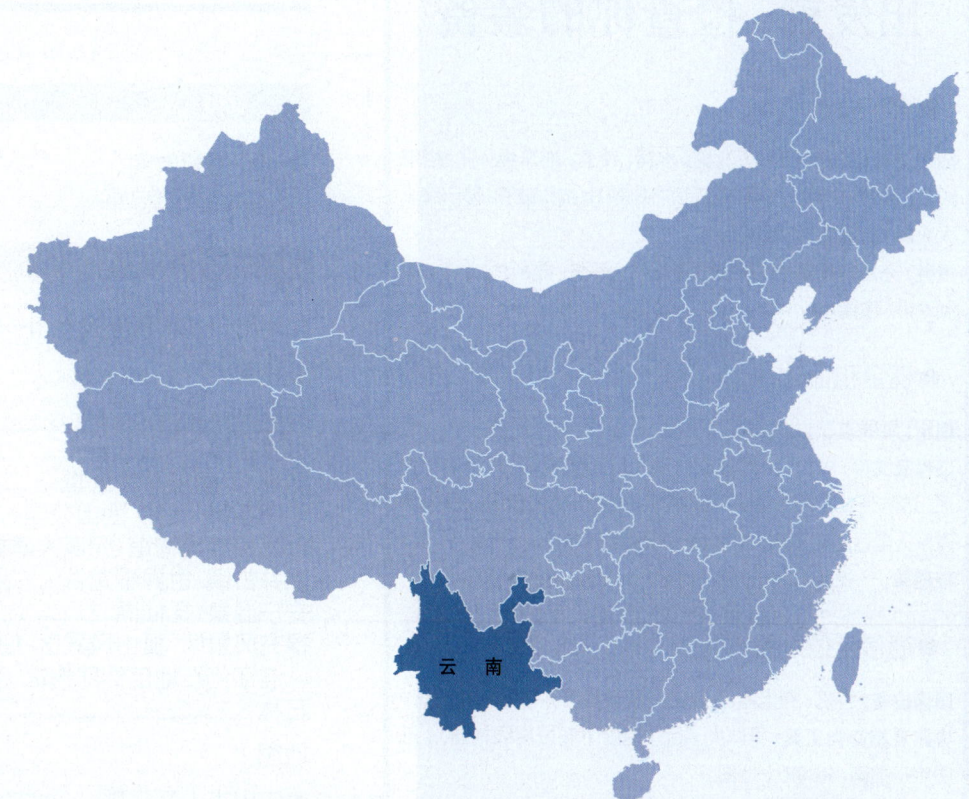

中国自驾游

云南

"中国自驾游"编写组 编写

中国地图出版社
北京

出发前，检查你的装备

● 随车装备

随车工具：轮胎扳手、灭火器、水桶、绞盘、拖车绳/杆、搭电线、工兵铲、车载充气泵、千斤顶、快速补胎剂、钳子、警示牌、灭火器、防冻液、防滑链*。

备件：充足气的备胎、易损汽车零件（灯泡、雨刮片）、机油、制动液、玻璃水。

● 现金和证件

现金：零钱若干。

证件及文件：身份证、驾驶证、行驶证、购置税证、车船使用税证、边防证或护照*，首页写好姓名、血型、身体情况以及紧急联系人电话的记事本、车辆及人身保险信息。

行程单：一式两份，一份带在身上，一份留在家中。

● 通信定位装置

通信设备：手机、充电器、充电宝、蓝牙耳机。

导航及指南类工具：导航类 App（提前下载好离线地图）、纸质旅行指南、指南针、地图。

车队用设备*：车载电台、手持电台、对讲机。

● 日常用品

衣物：驾驶用平底鞋、徒步用登山鞋。

野营用品：帐篷、睡袋、充气枕头、防潮垫、照明灯具、折叠桌椅、卡式炉、气罐、炊具、水具（水壶、水袋、皮囊等）、烧烤炉、遮阳伞。

变压设备：12V—220V 车载逆变器。

储存设备：车载冰箱、保温箱。

其他：防晒用品、望远镜、墨镜、手套、雨具、头灯和手电、多功能户外手表、多功能刀具、保温杯、一次性餐具、消毒湿巾、纸巾、洗漱用具、小镜子、指甲钳、抹布、别针、橡皮筋、针线包、捆绑绳、垃圾袋、防风打火机或防潮火柴、旧报纸、记事本。

● 药品

内服：感冒药、退烧药、止痛药、清火解毒类药品、肠胃药、维生素、抗过敏类药品、防晕车药品，与自身身体状况有关的药品（高血压药、心血管药、助眠药等）。

外用：云南白药、万花油、清凉油、风油精、氟轻松软膏、眼药水、骨伤贴药、驱蚊虫类喷雾。

抗高原反应类*：西洋参含片、葡萄糖口服液、布洛芬、高原红景天、抗高反处方药（乙酰唑胺、地塞米松等）、氧气瓶。

简易医疗用品：体温计、创可贴、绷带、纱布、白胶布、碘伏、棉签、口罩。

* 特定情况需要

云南省 4
 云南交通旅游图 6
 云南自驾线路总览 8

1 滇中山水人文之旅 10

昆明市→楚雄彝族自治州→昆明市→玉溪市→昆明市

途中亮点

云南省博物馆 11
官渡古镇 12
翠湖 云南陆军讲武堂 13
斗南花市 滇池 西山公园 14
云南民族博物馆 元谋人博物馆 物茂土林 ... 15
黑井古镇 世界恐龙谷 16
安宁温泉 抚仙湖 17
禄充风景区 孤山风景区 仙湖湾景区 樱花谷
 澄江化石地自然博物馆 澄江化石遗址 ... 18
石林 19

地图

滇中山水人文之旅 11
昆明城区 12
滇池及周边 15
抚仙湖 17

2 滇藏线精华之旅 20

大理白族自治州→丽江市→迪庆藏族自治州

途中亮点

洱海月湿地公园 大理古城 崇圣寺三塔 ... 23
苍山景区 喜洲古镇 双廊古镇 南诏风情岛 ... 24
蝴蝶泉 罗时江湿地 沙溪古镇 先锋沙溪白族书局
 石宝山 25
剑川古城 丽江古城 黑龙潭公园 玉龙雪山 ... 27
拉市海湿地公园 束河古镇 长江第一湾 虎跳峡 ... 28
哈巴雪山观景台 和谐塔中塔 独克宗古城 纳帕海
 噶丹·松赞林寺 29
普达措 巴拉格宗 金沙江大湾 噶丹·东竹林寺
 白马雪山观景台 梅里雪山 飞来寺 30
雾浓顶 明永冰川 雨崩 31

地图

滇藏线精华之旅 21
大理古城 23
洱海 25
丽江古城 28

特别呈现

漫步喜洲 26

目录

更多精彩
从丽江自驾前往泸沽湖 29
纳帕海网红水上公路 30

3 南国境线之旅 32
普洱市→西双版纳傣族自治州→普洱市

途中亮点
那柯里 33
中国科学院西双版纳热带植物园 望天树
　景洪大金塔 曼听公园 西双版纳总佛寺 ... 34
傣族园 35
野象谷 西双版纳原始森林公园 章朗村
　景迈山古茶林 36
老达保 娜允古城 勐梭龙潭 37

地图
南国境线之旅 33
景洪城区 35

更多精彩
前往磨憨 34

4 滇西奇境之旅 38
德宏傣族景颇族自治州→保山市→怒江傈僳族自治州

途中亮点
芒市广场 勐焕大金塔 勐焕银塔 姐告口岸 ... 40
边寨喊沙 一寨两国 姐勒金塔 41
莫里雨林 和顺古镇 国殇墓园和滇西抗战纪念馆 . 42
绮罗古镇 热海 43
火山公园 北海湿地 银杏村 新寨咖啡庄园
　百花岭 登埂澡塘 老姆登基督教堂 知子罗 . 45
老姆登茶厂 石月亮 怒江第一啸 孔当村 ... 46
哈滂瀑布 普卡旺村 丙中洛 怒江第一湾 ... 47
桃花岛 重丁教堂 48
雾里 秋那桶 49

地图
滇西奇境之旅 39
芒市城区 40
腾冲城区 43

特别呈现
漫步和顺古镇 44

更多精彩
碧罗雪山徒步 46
从丙中洛到察隅 48

5 滇东山水风光之旅 50
昭通市→曲靖市→昆明市→曲靖市→文山壮族苗族自治州→红河哈尼族彝族自治州

途中亮点
大山包 会泽古城 白雾村 大海草山 东川红土地 ... 52
油菜花节主会场 九龙瀑布群 鲁布革小三峡
　那色峰海 凤凰谷 普者黑 53
碧色寨 建水古城 观光米轨小火车 54
团山村 元阳梯田 55

地图
滇东山水风光之旅 51
建水古城 54

更多精彩
东川红土地成因 53
前往河口 54

▼ 丽江黑龙潭公园

彩云之南，一幅无需修饰的画卷，自然之美尽收眼底。在云南，你会遇见雄伟的雪山、秀美的湖泊、广袤的森林和丰富多样的生物。丽江玉龙雪山、大理苍山洱海、西双版纳热带雨林、怒江大峡谷、石林喀斯特地貌……这些耳熟能详的山川展示着大自然造物的神奇。这片土地多元的文化同样迷人，25个少数民族，25种风情，走进原生态的村落，感受最炫民族风。丽江古城、大理古城、建水古城……众多古城和古迹更是见证了云南的历史变迁。

云南地形地貌复杂，山地丘陵占全省面积的90%以上，断陷盆地（俗称"坝子"）散落其中，总体来说，自驾有一定难度，须谨慎行驶。在迪庆、怒江等地的高海拔地区行驶时，须留意高原缺氧对驾驶者的影响，还要提前关注雨雪天气和道路结冰等情况，及时调整出行计划。

云南省

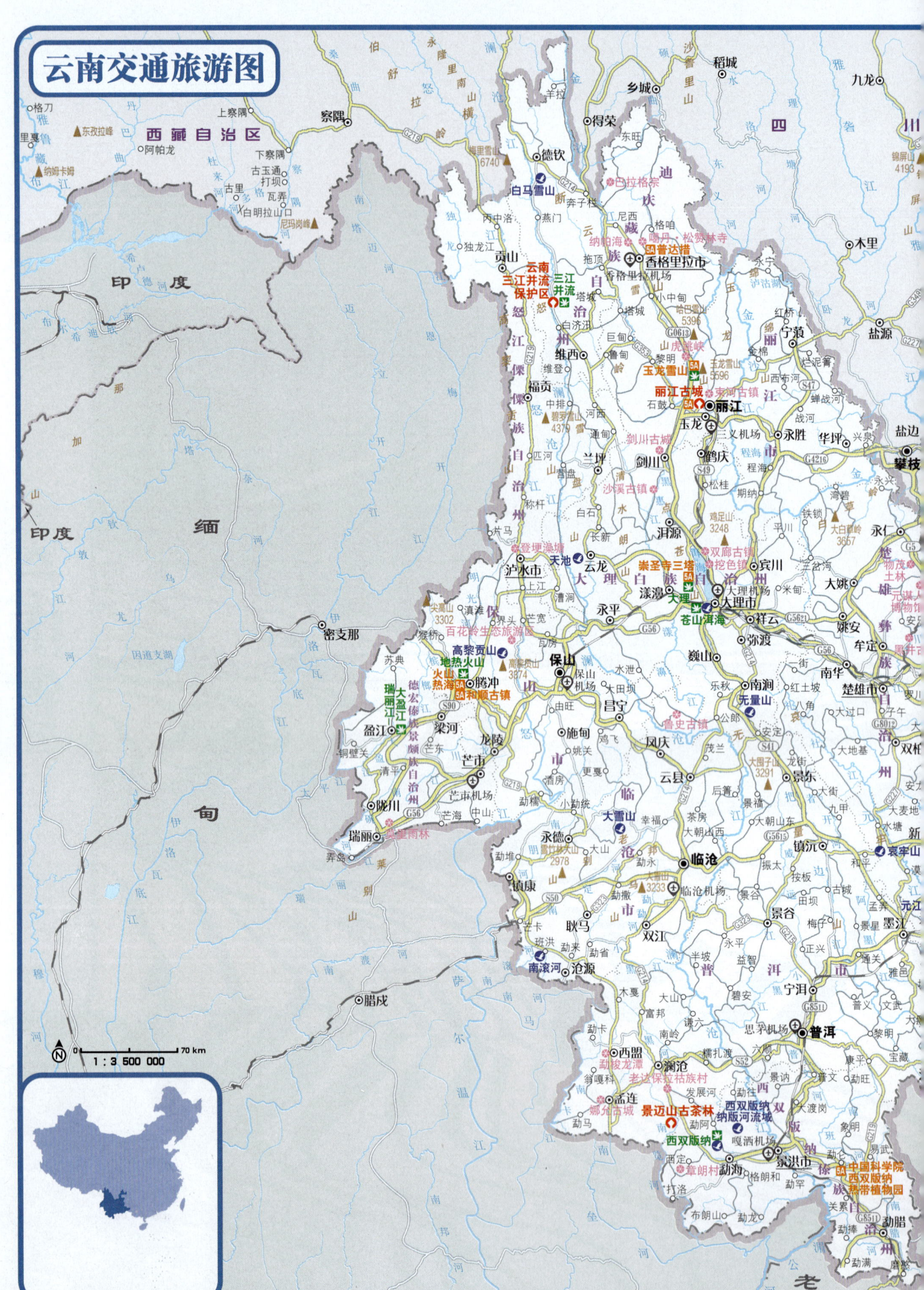

云南省

主要旅游资源

世界遗产：丽江古城、红河哈尼梯田文化景观、云南三江并流保护区、中国南方喀斯特·云南石林、澄江化石遗址、景迈山古茶林

国家5A级旅游景区：中国科学院西双版纳热带植物园、丽江古城、玉龙雪山、火山热海、普者黑、世博园、崇圣寺三塔、石林、普达措、和顺古镇

国家级风景名胜区：石林、大理、西双版纳、三江并流、滇池、玉龙雪山、地热火山、瑞丽江-大盈江、九乡、建水、普者黑、阿庐

国家级自然保护区：轿子山、元江、哀牢山、高黎贡山、大山包黑颈鹤、大围山、金平分水岭、黄连山、文山、无量山、西双版纳、西双版纳纳版河流域、苍山洱海、白马雪山、南滚河、长江上游珍稀特有鱼类、药山、会泽黑颈鹤、大雪山、乌蒙山、天池

云南交通旅游图

云南自驾线路总览

2 滇藏线精华之旅　　见20页

818公里 / 15天

先在苍山、洱海边享受慢悠悠的时间，再沿着G214北上前往香格里拉、德钦，串联起一路的风光奇景。

4 滇西奇境之旅　　见38页

1061公里 / 12天

由南向北驰骋于高黎贡山和怒江边，壮阔的风光、多样的民族，都等着你去探索。

3 南国境线之旅　　见32页

757公里 / 9天

驶入热带雨林的深处，认识奇妙的植物，漫步古老的茶山，你将认识另一个西双版纳。

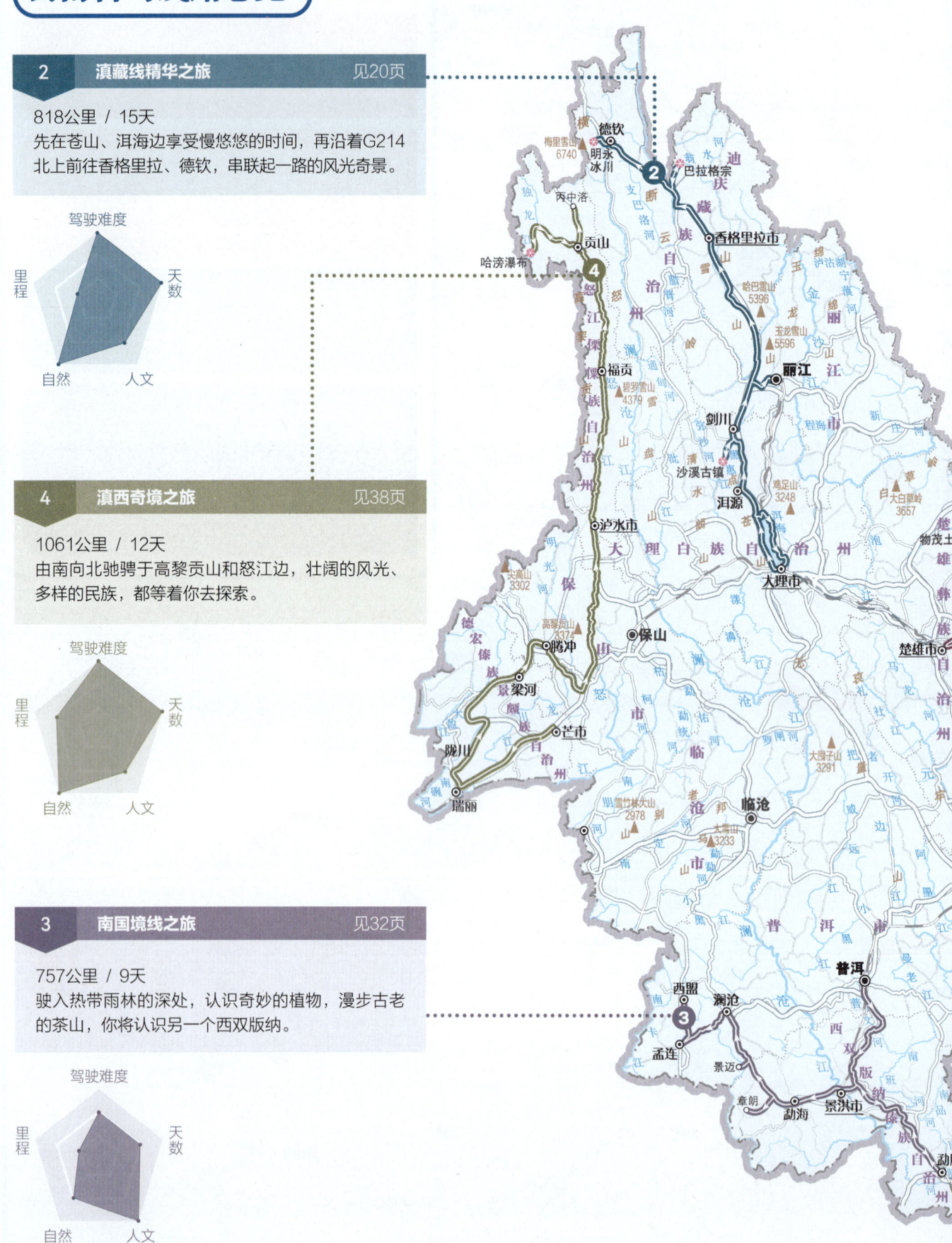

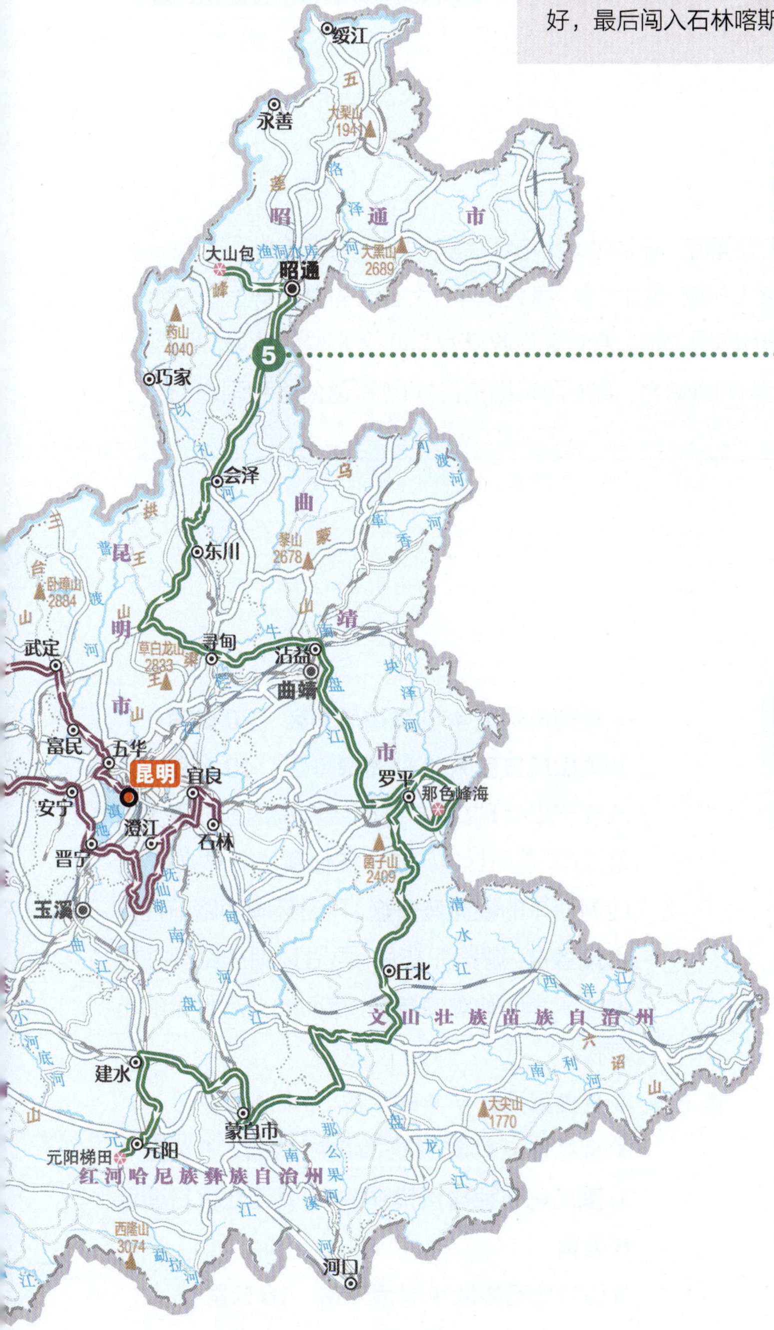

1 滇中山水人文之旅   见10页

764公里 / 7天

从春城昆明出发，一路感受彩云之南山川湖海的美好，最后闯入石林喀斯特的魅影世界。

5 滇东山水风光之旅   见50页

1416公里 / 10天

从大山包的黑颈鹤、东川红土地、罗平油菜花，到"世遗"红河元阳梯田，路途虽远，但每一站都有惊喜。

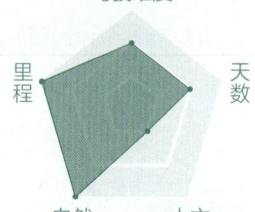

★ 如果你喜欢……

自然奇观
（1）物茂土林、石林（❶ 滇中山水人文之旅）
（2）苍山景区、玉龙雪山、虎跳峡、长江第一湾、纳帕海、金沙江大湾、梅里雪山、明永冰川（❷ 滇藏线精华之旅）
（3）火山公园、百花岭、丙中洛、哈滂瀑布、怒江第一湾（❹ 滇西奇境之旅）
（4）大山包、大海草山、东川红土地、罗平油菜花、九龙瀑布群、那色峰海、元阳梯田（❺ 滇东山水风光之旅）

人文历史
（1）翠湖、云南省博物馆、官渡古镇、黑井古镇（❶ 滇中山水人文之旅）
（2）大理古城、喜洲古镇、沙溪古镇、丽江古城、噶丹·松赞林寺、噶丹·东竹林寺（❷ 滇藏线精华之旅）
（3）景洪大金塔、西双版纳总佛寺、娜允古城（❸ 南国境线之旅）
（4）勐焕大金塔、和顺古镇、滇西抗战纪念馆、老姆登基督教堂、知子罗、雾里（❹ 滇西奇境之旅）
（5）会泽古城、碧色寨、建水古城（❺ 滇东山水风光之旅）

民族风情
（1）喜洲古镇、丽江古城、独克宗古城（❷ 滇藏线精华之旅）
（2）章朗村、景迈山古茶林、老达保（❸ 南国境线之旅）
（3）芒市广场、老姆登村、独龙江（❹ 滇西奇境之旅）

全家出游
（1）翠湖、云南省博物馆、元谋人博物馆、世界恐龙谷、抚仙湖、澄江化石地自然博物馆（❶ 滇中山水人文之旅）
（2）中国科学院西双版纳热带植物园、望天树、西双版纳原始森林公园、傣族园、野象谷（❸ 南国境线之旅）
（3）普者黑、建水古城、观光米轨小火车、团山村（❺ 滇东山水风光之旅）

1

滇中山水人文之旅

昆明市 ➡ 楚雄彝族自治州 ➡ 昆明市 ➡ 玉溪市 ➡ 昆明市

里程：764公里
天数：7天
驾驶难度：★★☆☆☆
新能源车友好度：★★★★☆

这条线路从春城昆明出发，一路串联滇中的主要景点。在滇池边，与红嘴鸥来一次亲密接触。之后一路往北前往楚雄彝族自治州，元谋的土林自有一番大气磅礴的气象，身处其中，大自然的鬼斧神工令人赞叹。抚仙湖旖旎的湖光山色令人心醉神迷，开启一场环湖之旅，绝对令你收获身与心全方位的放松。最后闯入昆明石林喀斯特的魅影世界，感受世界自然遗产的魅力。滇中拥有维护良好的高速公路和国道、省道，一路畅行无忧。

行程安排

第1天 ①昆明市

游览昆明市的**云南省博物馆**、**官渡古镇**、**翠湖**、**云南陆军讲武堂**和**斗南花市**。夜宿昆明市。

第2天 ①昆明市

游览昆明西山区的**滇池**、**西山公园**和**云南民族博物馆**。夜宿昆明市。

第3天 ①昆明市 ➡ ②元谋县　190公里

②元谋县 ➡ ③物茂土林　30公里

③物茂土林 ➡ ④黑井古镇　116公里

从昆明市沿昆磨高速和京昆高速前往楚雄彝族自治州元谋县，游览**元谋人博物馆**。再沿京昆高速、京昆线前往**物茂土林**。游览完毕后，从物茂土林沿S214前往**黑井古镇**，游览古镇内的古民居，夜宿古镇。

第4天 ④黑井古镇 ➡ ⑤世界恐龙谷　106公里

⑤世界恐龙谷 ➡ ⑥安宁温泉　53公里

从黑井古镇出发，沿楚广高速、杭瑞高速前往**世界恐龙谷**。游览完毕后，沿杭瑞高速前往昆明市安宁市的**安宁温泉**，夜宿安宁温泉。

第5天 ⑥安宁温泉 ➡ ⑦禄充风景区　94公里

⑦禄充风景区 ➡ ⑧孤山风景区　20公里

⑧孤山风景区 ➡ ⑨仙湖湾景区　40公里

从安宁沿杭瑞高速、昆明绕城高速前往玉溪市澄江市，逆时针方向游览**抚仙湖**，第一站游览抚仙湖西岸的**禄充风景区**，再沿环湖西路前往**孤山风景区**。游览完毕后，再沿环湖东路前往抚仙湖东岸的**仙湖湾景区**，夜宿仙湖湾附近的小湾村。

第6天 ⑨仙湖湾景区 ➡ ⑩樱花谷　14公里

⑩樱花谷 ➡ ⑪澄江化石地自然博物馆　5公里

⑪澄江化石地自然博物馆 ➡ ⑫澄江化石遗址　8公里

⑫澄江化石遗址 ➡ ⑬澄江市　16公里

继续环湖之旅，从小湾民宿村向北前往**樱花谷**。游览完毕后，沿澄川线向北前往**澄江化石地自然博物馆**、**澄江化石遗址**，结束游览后夜宿澄江市。

第7天 ⑬澄江市 ➡ ⑭石林　72公里

从澄江市沿昆明绕城高速、汕昆高速前往昆明市石林彝族自治县，游览**石林**，游览完毕后结束行程。

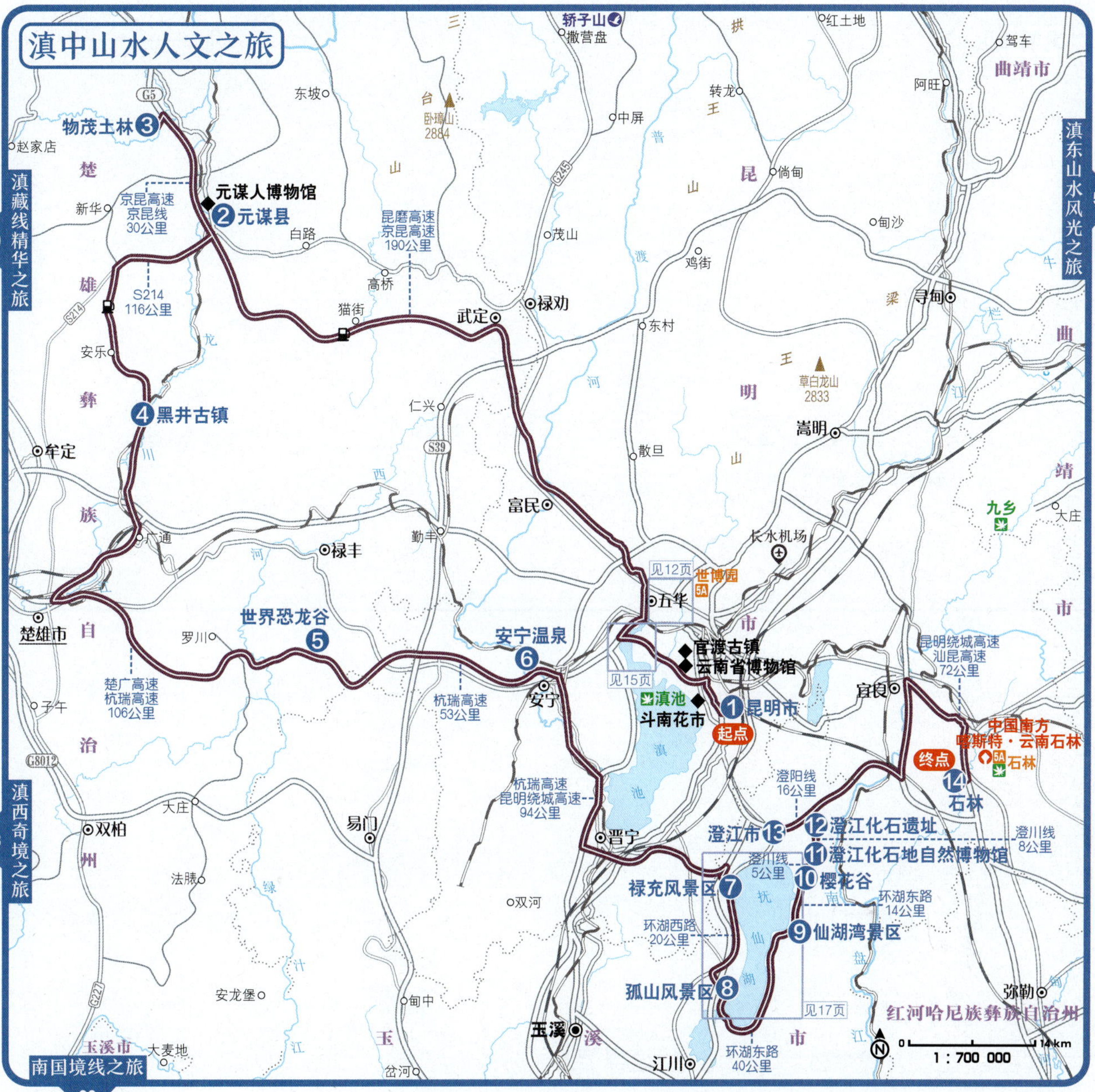

云南省 滇中山水人文之旅

途中亮点

昆明市 0871

◆云南省博物馆 见本页地图

位于官渡区的云南省博物馆新馆开放于2015年，这座褚红色的建筑大气、沉稳而现代，其建筑灵感源于云南传统民居"一颗印"（建筑由正房、厢房及倒座组成，因平面和外观都非常方正而得名）。云南省博物馆的基本陈列叙述了从远古文明直至云南和平解放的历史发展进程，以文物为引领，首次全面系统地展示了云南各族人民在红土高原创造的璀璨历史和辉煌文明。
一层中庭展示了清代的大型铜器精品天施大炉。二层是云南通史陈列，有"远古云南""文明之光""南中称雄"等展览，分别展示了云南的地质发展史、由汉代到唐代

▼ 云南省博物馆

12 中 | 国 | 自 | 驾 | 游

云南省

[昆明城区地图]

数百年间民族融合的历史。三层的"妙香佛国"展示了雄踞西南的南诏、大理国时期兴盛的佛教信仰,有不少云南特有的佛教造像,如展厅中央的宋银背光金阿嵯耶观音像、宋大理国银鎏金镶珠金翅鸟;"开疆戍边"展览则介绍了元明清时期云南迅速融入中原的重要阶段。

门票: 免费,凭身份证入馆
营业时间: 9:00—17:00,16:30 停止进入,周一闭馆
微信公众号: 云南省博物馆

◆ 官渡古镇　　　　　见11页地图

官渡古镇位于昆明主城东南,地处滇池北岸、宝象河下游,是历史上环滇池地区的商贸重镇。古镇距今已有1000多年的历史,这里既是古滇文化的发祥地之一,也是誉满

▼ 宋大理国银鎏金镶珠金翅鸟

▲ 翠湖

滇中的古渡口及佛教圣地。古镇内人文景观丰富，不到1.5平方公里的范围内，就有唐、宋、元、明、清时期的"五山""六寺""七阁""八庙"等多处景观，以及上百间保存完好的"一颗印"式民居。古镇中央的妙湛寺是昆明最负盛名的寺庙之一，也是古镇的标志性景点，原是滇池的一部分，是在堆积的螺壳上建成的，因此又被称为螺峰寺；寺前为两座十三层密檐方形实心砖塔，西塔为现代重建，东塔仍为元代建筑。双塔南面坐落着金刚塔，建于明天顺二年(1458年)，其独特的造型象征着密宗金刚界的坛场。

门票： 免费

营业时间： 全天开放，各寺院9:00—17:00

◆ **翠湖** 见12页地图

在历史上，翠湖曾与滇池相连，现在虽然面积锐减，但仍是城市中散步休闲的好去处。阮堤与唐堤将翠湖分成五片景区，九龙池北面是翠湖展示中心，有翠湖文史及规划陈列，可以帮助你在溜达之余顺带了解翠湖的历史。每年冬天，成千上万只自北方飞来的红嘴鸥在翠湖越冬，争抢食饵，给翠湖增添了无限的情趣，也是这里的一大奇景。

翠湖是昆明的点睛之笔，这片面积不大的湖水与不远处的盘龙江一起，组成了昆明市区最具魅力的"江湖"。你可以在这里寻访历史建筑，品尝性价比极好的美食，也可以去附近的云南大学和云南师范大学感受文化气息。

门票： 免费

营业时间： 6:30—22:00

◆ **云南陆军讲武堂** 见12页地图

云南陆军讲武堂位于翠湖西路，是护理（即代理）云贵总督沈秉堃于1909年在翠湖边设立的，民国时发展为与黄埔军校、保定陆军军官学校齐名的三大军校之一。西楼呈姜黄色，作为教室使用，融合了法式和中式风格，内部现在设有百年军校和中国远征军展览。讲武堂内还设有以"讲武"为主题的特色邮局。

门票： 免费

营业时间： 9:00—17:00，16:00停止进入展厅，周一闭馆

▼ 官渡古镇妙湛寺前的金刚塔

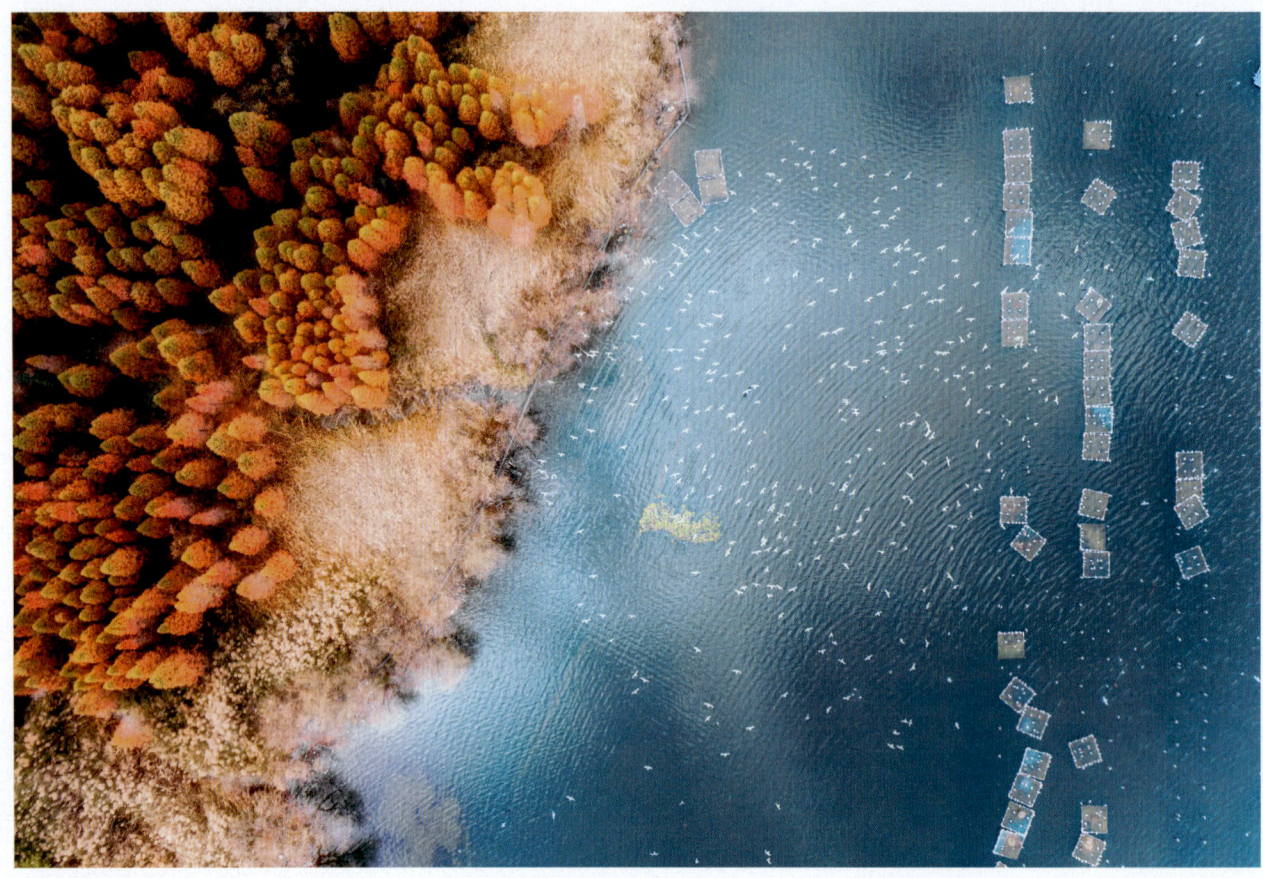
▲ 冬季的滇池

◆ **斗南花市**　　　见11页地图

斗南花市位于呈贡区斗南镇，是亚洲规模最大的花市。主场馆的一楼是交易大厅，以盆栽和鲜切花为主，二楼主营多肉植物。白天花市主要面向市民和游客，大家可以悠闲地看花、买花；傍晚18:00以后花市则会变成喧嚣的大宗批发市场，挤满了花农、花商和电商主播，一直延续到凌晨。

门票： 免费

▼ 滇池边的红嘴鸥

营业时间： 9:00 至次日 2:00

◆ **滇池**　　　见15页地图

滇池是云南省面积最大的湖泊，位于昆明市西南，一般旅行者到访的只是滇池伸向市区的一片狭长湖面。这一片湖面周边分布着多处景点，滇池北畔有大观公园，公园内的大观楼以"滇池夜月"名列昆明八景之首，公园内还有多处历史遗迹，如大观楼前悬挂的孙髯翁所撰的 180 字"天下第一长联"；西侧有西山公园；东侧有云南省民族博物馆、云南民族村、海埂大坝和海埂公园。

每年 11 月至次年 3 月，数万只红嘴鸥从西伯利亚迁徙至滇池过冬。红嘴鸥拥有一身洁白的羽毛，两翼灰色，翼尖黑色，眼后有黑色的斑点，喙及脚为红色，曾被昆明市政府授予"昆明荣誉市民"的称号。海埂大坝和海埂公园是观赏红嘴鸥的好去处，无数只红嘴鸥在滇池上空盘旋，令人大为震撼，游人还可以喂食面包。

门票： 免费

营业时间： 全天开放

微信公众号： 滇池海埂公园

◆ **西山公园**　　　见15页地图

西山位于昆明的西部，是一处景色宜人的森林公园，也拥有不少历史遗迹，如中国远征军将官住所旧址、升庵祠、聂耳墓等，适合开展徒步探索。西山景区大部分区域免费对公众开放，张天虚墓园、聂耳墓园、三清阁、华亭寺、太华寺等佛寺道观建筑群为免费景点，龙门景区、龙门索道、龙门景区电瓶车、西山环保大巴均为收费项目。其中龙门景区是云南规模最大的道教石窟，开凿于清代，景区内还有达天阁、慈云洞、凤

云南省 15

凰岩等景点。

游客可在高峣游客中心购买套票（内含环保大巴车、龙门、索道、观光车门票）。购票后可凭手机二维码乘坐景区环保大巴，起点为高峣游客中心，终点为聂耳墓园。如购买双程观光车，可凭二维码到龙门检票处乘坐电瓶车；购买单程索道＋单程观光车，可在龙门景区入口处，持二维码乘坐索道或观光车到达龙门检票处。

门票：免费
营业时间：全天开放
微信公众号：昆明西山森林公园

◆ **云南民族博物馆** 见本页地图

云南民族博物馆位于滇池之畔，是中国规模最大的民族类博物馆。一层的"民族服饰与制作工艺"与"民族文字古籍"展览最为吸引人，前者介绍了云南各民族丰富多彩的传统服饰和服饰制作工艺，后者可以让你了解景颇族如何用不同的树叶和枝条写信、佤族如何仅通过木刻缺口来传达信息。二层为民族民间面具展厅，展示了藏族、壮族、水族、彝族等少数民族各具特色的面具。

博物馆对面就是云南民族村，如果你没有时间深入云南各族的村落，又想要了解它们，不妨来这个仿造的民族村，景区内各种演出活动十分丰富，但是门票不菲（90元）。

门票：免费
营业时间：9:00—16:30，周一闭馆
微信公众号：云南民族博物馆

楚雄彝族自治州 0878

◆ **元谋人博物馆** 见11页地图

元谋人博物馆位于楚雄彝族自治州元谋县，集中展示了与元谋人这一古人类相关的化石、石器等相关内容。博物馆共分为"人类起源展厅""元谋古猿与元谋人展厅""元谋旧石器、细石器文化展厅"及"恐龙展厅"等六大展厅，其中"元谋古猿与元谋人展厅"陈列了出土的3000多件古猿牙齿和颌骨（残段）化石标本及哺乳动物化石；"人类起源展厅"整理了世界各国的古人类学研究成果，通过50多幅图版、照片和49件模型概述了人类起源演化发展的谱系。

门票：免费
营业时间：9:00—17:00

◆ **物茂土林** 见11页地图

元谋最知名的旅游资源当属土林这一古老的地质景观，连徐霞客都曾赞叹其恢宏。土

云南省

▲ 物茂土林

林是砂砾层成岩硬化后，地表水向下渗透，日积月累侵蚀地貌而形成的，具有土芽、古堡、尖笋、铁帽四种主要造型。元谋县境内共有13座土林，其中知名度最高的是物茂土林和浪巴铺土林。

物茂土林位于元谋县城西北30多公里的物茂乡，由于开发得较早，旅游配套设施更完善，成为游客的首选目的地。景区主要由一条主沙箐和34条幽谷组成，分为4个片区，环形步道约2公里，将一路上的各种象形景点串联起来，景区根据它们的形象特点为之命名，如刺破天、罗马帝国、东海龙宫、土司古堡、蛤蟆鸣雨、雄鸡唱晓等。

浪巴铺土林位于元谋县城以西30余公里的新华乡境内，同样峰丛连绵、土堡耸立，与物茂相比，颜色更为丰富，面积更大，主游览路线约6公里。如果时间充裕且对地质景观感兴趣，不妨串游两个土林。浪巴铺土林的门票为50元。

门票： 70元
营业时间： 8:00—18:00
微信公众号： 物茂土林景区

▼ 黑井古镇

◆ **黑井古镇**　　　　见11页地图

黑井古镇坐落于禄丰市的西北山区，自汉朝起开井煮盐，因盐业而兴，2000多年来形成了一个经济繁荣、文化昌盛的古镇，尤以明清时期最为繁荣，有"明清社会活化石"之称，至今仍完整地保存着明清时代的城镇格局。黑井在"古滇九井"中占据重要位置，民间流传着"推姚州白井、威楚黑井最佳"的说法。

武家大院是古镇里保存最完好也最精致的古民居，始建于清末，现存建筑大多为民国时期所建。大院的主人曾是本镇的首富，也是黑井最大的制盐人家。大院依山势而建，布局错落有致。镇子北部的古盐坊保留了盐井、蓄卤池、灶房等曾经用于煮盐的场景，可以窥见当年盐业鼎盛时期制盐的景象。

门票： 古镇免费进出，景区内联票25元
营业时间： 8:30—17:30
微信公众号： 黑井古镇

◆ **世界恐龙谷**　　　　见11页地图

世界恐龙谷位于禄丰市恐龙山镇阿纳村。1995年，世界最大的中侏罗纪晚期恐龙坟场在这里被发现，据估计上百只恐龙在此长眠了1.6亿年。如今，世界恐龙谷再现了失落的恐龙王国，来这里如同坐上时光机穿越到侏罗纪时期。

世界恐龙谷的主体是恐龙谷遗址馆,位于恐龙坟场遗址之上,分为序馆和主馆。序馆主要介绍恐龙知识,有一个小型环幕动感影厅。主馆有两处极具震撼力的奇观:一处是恐龙掩埋及发掘遗址现场,这条83米的倾斜地质剖面布满了裸露的恐龙骨骼化石;一处是恐龙化石标本装架和化石精品展示,60余具禄丰恐龙化石骨架在平台上装架展示,抬头仰望这些庞然大物,景象极为壮观。

门票: 160元(恐龙谷遗址馆+恐龙时空乐园)
营业时间: 9:30—18:00
微信公众号: 禄丰世界恐龙谷

昆明市　0871

◆ **安宁温泉**　　　　　　见11页地图

安宁温泉位于昆明市区西南30多公里处,地处螳螂川东北岸的峡谷之间,自东汉年间被开发利用以来,一直是滇中休闲疗养的好去处。明代著名学者杨慎称赞其为"天下第一汤",并题写石刻。镇上最老牌的度假酒店是安宁温泉宾馆,"天下第一汤"的石刻也位于这家宾馆内,各种档次的汤池可供选择。宾馆的南面还有温泉摩崖石刻群,山崖上留下了明清文人对温泉的赞颂。除了安宁温泉宾馆,这里还有各种档次的温泉酒店可供选择,高档型的如金方森林温泉半山酒店,廉价的温泉酒店更是随处可见。

门票: 入住酒店一般可免费泡汤
营业时间: 全天开放
官网: www.anwqbg.com

玉溪市　0877

◆ **抚仙湖**　　　　　　见本页地图

抚仙湖位于玉溪市澄江市、江川区、华宁县之间,属于澄江市管辖,湖泊面积达212平方公里,仅次于滇池和洱海,为云南省第三大湖。抚仙湖拥有丰富的旅游资源,也适合以各种方式展开探索,既可以环湖徒步、骑行,也可以自驾环游,甚至还能去樱花谷体验一把潜水,探索抚仙湖水下神秘的世界。抚仙湖西岸主要有禄充风景区、孤山风景区和界鱼石公园,东岸则有樱花谷、仙湖湾湿地公园、月亮湾湿地公园等。抚仙湖的住宿选择也十分丰富,无论是位于东岸的希尔顿酒店,还是禄充风景区或小湾村的民宿,总有适合你的选择。管辖抚仙湖的澄江市是云南鼎鼎有名的化石之乡,澄江化石地自然博物馆、澄江化石遗址都位于抚仙湖周边不远,前往游览十分方便。如果对历史文物感兴趣,抚仙湖南岸的李家山青铜器博物馆也值得一游。

▼ 世界恐龙谷里的恐龙骨架

这里展出了古滇王国众多精美的青铜器。

门票： 免费

营业时间： 全天开放

◆ **禄充风景区**　　见17页地图

禄充风景区原为一座渔村，因开发较早，旅游设施也十分完善，吸引了众多游客。景区背山面湖，渔村风情浓郁，古树成荫，在这里可以欣赏到风光秀丽的抚仙湖，形如笔架的笔架山，状如金钟的玉笋山和浓荫蔽日的古榕树。笔架山、文昌宫、金沙滩、波息湾、观音寺和鱇𩽆鱼自然生态区分布在禄充风景区的各处，在鱇𩽆鱼自然生态区可以看到大大小小的鱼洞和水道，渔民们曾用独特的"车水捕鱼"的方法来捕获鱇𩽆鱼，夏季会有车水捕鱼的现场演示。

门票： 免费

营业时间： 全天开放

官网： www.lcbjs.com

◆ **孤山风景区**　　见17页地图

孤山又名瀛海山，位于抚仙湖的西南边，是抚仙湖水域中唯一的岛屿。元、明时期，岛上庙宇有八殿、五阁、三亭、一堂、一庵、一塔，后因战乱等原因，岛上建筑被毁。如今岛上坐落着寺庙、亭台楼阁等仿古建筑。在抚仙湖西南岸的孤山码头游客中心，可以坐船前往孤山岛。岛上风光极好，适合悠闲地漫步欣赏抚仙湖的风景。

门票： 20元，坐船登岛30元/人

营业时间： 8:00—18:00

◆ **仙湖湾景区**　　见17页地图

仙湖湾位于抚仙湖东岸，与西岸相比，这里游人较少，是一个悠闲享受散漫时光的好地方。抚仙湖边有不少亭台和为拍照而造的布景，在湖岸的石头上拍照、流连，不失为一种放松的好方式。仙湖湾以南约2公里处有一个帆船中心，如果恰逢训练和比赛，可以看到湖中帆船点点。仙湖湾不远有小湾民宿村和希尔顿酒店，前者有不少极具特色的民宿可供选择，后者是奢侈一把的好地方，被称为"国内最美的希尔顿"。

门票： 免费

营业时间： 全天开放

◆ **樱花谷**　　见17页地图

樱花谷位于抚仙湖东北角，人造碎石滩、银沙滩，水边的草棚、长椅，薰衣草和棕榈树，各种元素混搭到一起，形成一个极具网红气息的湖岸风光景点。樱花谷沙滩的沙质细腻，非常适合带低龄孩子来游玩。作为抚仙湖潜水基地，樱花谷距离水下古城遗迹直线距离仅200米左右，有兴趣的话可以咨询当地的潜水机构，潜到水下与古城亲密接触。

门票： 10元

营业时间： 8:00—18:30

◆ **澄江化石地自然博物馆**　　见17页地图

澄江化石地自然博物馆位于抚仙湖东北约4公里处，博物馆所在的帽天山本身就是一个化石大宝库，这里曾发掘出寒武纪早期的180多种生物化石，是目前世界上发现的最古老的生物化石群之一。博物馆常设"生命大爆发""生命大演化""生物多样性（贝林厅）""山水澄江"展览，还有同样精彩的临时展览。

博物馆的展品极为丰富，一楼和二楼的展厅展出了3000多件化石，是古生物化石爱好者不可错过的地方，并且采用寓教于乐的科普方式阐释生命的起源与演化，如开设了4D影院、远古海底隧道与化石挖掘场等多媒体或模拟场景体验，参观者可以在此过程中认识到寒武纪的生命大爆发。

门票： 免费

营业时间： 9:00—17:00，周一闭馆

微信公众号： 澄江化石地自然博物馆

◆ **澄江化石遗址**　　见11页地图

澄江化石遗址在2012年7月正式列入《世界自然遗产名录》，游览完澄江化石地自然

▼ 抚仙湖

云南省 19

▲ 石林

博物馆，再继续往北行进数公里即可到达这一世界遗产所在地，这里是首次发现化石之处，当地人称之为"首发地"。澄江化石地是研究地球早期生命演化的动物化石库，举世罕见且保存完整，已被国际古生物学界誉为"20世纪最惊人的科学发现之一"。澄江化石遗址的展厅保留了完整的自然剖面，很多碎石剖面上还留存有化石。展厅外廊的展示柜中，还能见到云南特有物种的化石，如云南头虫、跨马虫、长尾纳罗虫等。

门票：免费
营业时间：9:00—16:30

▼ 澄江化石遗址里的云南头虫

昆明市 0871

◆ **石林** 见11页地图

石林风景区位于昆明市石林彝族自治县境内，距离昆明城区约90公里。作为世界自然遗产"中国南方喀斯特"的重要组成部分，石林早已声名远扬，成为昆明必游景点之一。石林的主要地质遗迹类型为岩溶地质地貌，展现了多样化的喀斯特形态，高大的剑状、柱状、蘑菇状、塔状等石灰岩柱是石林的典型代表，此外还有溶洞、溶蚀湖、天生桥等，构成了一幅喀斯特地质地貌全景图。

整个石林景区包括西北的步哨山、中心的大石林和小石林、南面的万年灵芝和东面的李子园菁五个片区，大石林和小石林是景区的核心，主要看点是构成剑状喀斯特地貌的锐利峰群。

乃古石林位于石林景区以北8公里处，这里游人较少，且石林的形态截然不同：石头呈现灰黑色，石柱连成一片，如果时间充足，同样值得一游。

门票：130元，电动车25元
营业时间：7:30—17:30
微信公众号：石林风景名胜区

滇中山水人文之旅

食宿推荐

🍚 **当地美食**

昆明市 老奶洋芋、过桥米线、昆明小锅米线、汽锅鸡、野生菌

楚雄彝族自治州 牟定腐乳、姚安套肠、猪肺汤

玉溪市 酸角糕、芝麻片、澄江藕粉、百抖茶

🛏 **热门住宿地**

昆明市 昆明老街、官渡古镇、云南民族村

楚雄彝族自治州 紫溪山风景区、龙江公园、黑井古镇

玉溪市 红塔区、抚仙湖、江川区

滇藏线精华之旅

大理白族自治州 ➡ 丽江市 ➡ 迪庆藏族自治州

里程：818 公里
天数：15 天
驾驶难度：★★★★☆
新能源车友好度：★★☆☆☆

苍山洱海，最适合享受休闲时光，将洱海环湖之旅作为G214滇藏线自驾的悠闲开端。再沿着G214一路北上，串起数不清的古镇，然后来到"人间天堂"香格里拉。接着赶赴德钦县，欣赏梅里雪山的胜景，遇见"日照金山"需要机缘，但雪山之美随时都能闯入眼帘。G214整体状况良好，香格里拉到德钦的白马雪山隧道已贯通，从香格里拉到飞来寺非常方便，如果不走隧道而选择老国道，还可以收获一路难得的雪山美景，只是需要多留心路况。

行程安排

第1天 ①下关镇 ➡ ②大理古城　16公里
在大理市，游览"风城"下关的**洱海月湿地公园**，而后开始环游洱海之旅，沿大丽线前往第一站大理古城，游览**大理古城**和**崇圣寺三塔**。

第2天 ②大理古城
游览洱海边的**苍山景区**，夜宿大理古城。

第3天 ②大理古城 ➡ ③喜洲古镇　20公里
沿着大丽线前往**喜洲古镇**，游览喜洲古镇，夜宿古镇。

第4天 ③喜洲古镇 ➡ ④双廊古镇　28公里
④双廊古镇 ➡ ⑤挖色镇　13公里
沿着大丽线、环海东路一路前往双廊古镇，游览**双廊古镇**和**南诏风情岛**。之后沿着环海东路来到挖色镇，游览周边的小普陀、大城村和鹿卧山，夜宿挖色镇。

第5天 ⑤挖色镇 ➡ ①下关镇　52公里
①下关镇 ➡ ⑥沙溪古镇　123公里
从挖色镇沿着环海东路前往下关，再沿G214往北行驶，前往下一个目的地剑川县沙溪古镇，途经**蝴蝶泉**和**罗时江湿地**，可顺道一游。到达古镇后，游览**沙溪古镇**和**先锋沙溪白族书局**，夜宿沙溪古镇。

第6天 ⑥沙溪古镇 ➡ ⑦剑川古城　30公里
从沙溪古镇沿S233、G214前往剑川古城，沿途经过**石宝山**。游览完毕后前往剑川古城，游览古城并夜宿于此。

第7天 ⑦剑川古城 ➡ ⑧丽江古城　65公里
继续游览**剑川古城**，游览完毕后沿大丽高速、黄山路前往丽江市丽江古城，游览**丽江古城**，夜宿古城。

第8天 ⑧丽江古城
继续游览**丽江古城**及城北的**黑龙潭公园**，夜宿古城。

第9天 ⑧丽江古城
游览丽江北部的**玉龙雪山**，夜宿古城。

第10天 ⑧丽江古城
游览丽江周边的**拉市海湿地公园**和**束河古镇**，夜宿束河古镇。

第11天 ⑧丽江古城 ➡ ⑨虎跳峡　85公里
⑨虎跳峡 ➡ ⑩香格里拉市　109公里
从束河古镇沿大丽高速、G214前往虎跳峡，在G214沿途会经过**长江第一湾**，景色壮观，游览完**虎跳峡**后，沿G214前往香格里拉，途经**哈巴雪山观景台**和小中甸，5月

云南省 21

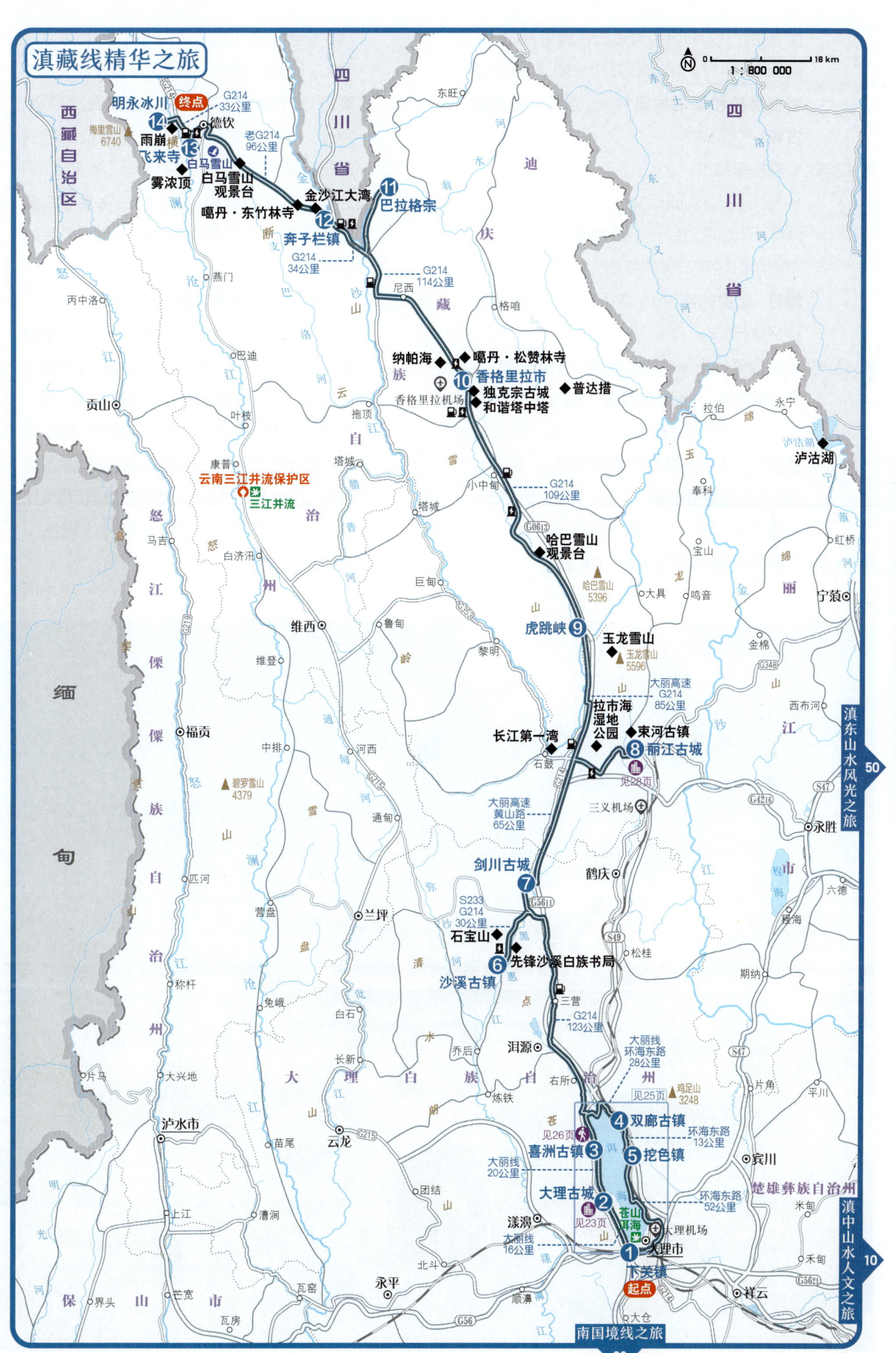

至 9 月，小中甸路边有各色花海可赏。到达迪庆藏族自治州香格里拉市之前，可以前往**香格里拉和谐塔中塔**游览，再夜游**独克宗古城**，夜宿古城。

第 12 天 ⑩香格里拉市

从独克宗古城沿旺池路、G214 来到纳帕海湖岸，开始逆时针环游**纳帕海**之旅，沿着环湖路可以经过三段网红水上公路，下午再去**噶丹·松赞林寺**游览，夜宿纳帕海沿岸或者香格里拉。

第 13 天 ⑩香格里拉市 ➡ ⑪巴拉格宗　114 公里
⑪巴拉格宗 ➡ ⑫奔子栏镇　34 公里

从香格里拉市沿着仁安路、东环线前往**普达措**。游览完毕后回到香格里拉市，再沿着 G214 前往**巴拉格宗**，游览完毕后回到 G214 继续往北开往奔子栏镇，夜宿奔子栏镇。

第 14 天 ⑫奔子栏镇 ➡ ⑬飞来寺　96 公里

从奔子栏出发可走白马雪山隧道，也可以走老 G214 前往德钦，沿途经过**金沙江大湾**、**噶丹·东竹林寺**和**白马雪山观景台**，可顺路游览。需要注意老 G214 香格里拉至德钦路段容易塌方，冬天更需格外注意安全。到达德钦县城后稍事休息，前往**飞来寺**或**雾浓顶**观景台欣赏**梅里雪山**，夜宿飞来寺附近客栈。

第 15 天 ⑬飞来寺 ➡ ⑭明永冰川　33 公里

从飞来寺沿 G214 前往梅里雪山的**明永冰川**，游览完毕后结束行程；也可前往**雨崩**开启徒步之旅。或者从明永冰川沿斯农公路、溜筒江公路、G214 行驶 110 公里，前往西藏昌都市芒康县的盐井游览古盐田。从盐井再沿 G214 行驶 106 公里到芒康县，可从此地汇入 G318，开启你的川藏南线（西藏段）之旅。

▼ 大理古城南城门

途中亮点

大理白族自治州 0872

◆ **洱海月湿地公园** 见25页地图

大理洱海月湿地公园坐落在洱海西岸，与洱海相连，是距离"风城"下关最近的湿地公园，同时也是采取退塘还湖、退耕还林、退房还湿地的方式修复的湿地公园。园区内设有小桥流水、亭台楼阁、湿地栈桥、休闲凉亭等景观，小道边、小河旁垂柳荫荫，遍布花草，生机盎然。早晨可观洱海日出，傍晚可欣赏洱海余晖，感受鸟语花香，放松身心。滨海路上的海心亭也是看海的好地方。

门票： 免费
营业时间： 全天开放

◆ **大理古城** 见本页地图

在山明水秀的苍山洱海之间，耸立着一座"楼台出云烟之上，城廓奠山海之间"的千年古城——大理古城。大理古城位于风光秀丽的苍山脚下，是古代南诏国和大理国的都城。这是一个适合闲逛、寻访古建筑的地方。古城的城墙始建于明洪武年间，虽然四座门楼皆为后世修复，但是在北门大菜场西南、六十医院北侧仍能找到原生态的古城墙。四座门楼中的**北门**和**南门**可以登临观光。古城内散落着**大理市博物馆**、大理农村电影历史博物馆、大理床单厂艺术区和大理非物质文化遗产博物馆等景点，从各个层面展示了大理丰富厚重的历史和文化。大理市博物馆陈列了大理地区新石器时代至明清的文物，馆内的碑林有杨升庵、李元阳等名家的笔迹。作为昔日的都城，大理汇聚了多元的文化和宗教信仰，这些都体现在各种古建筑上，五华楼、文庙、武庙、天主教堂、普贤寺、基督教堂等都各有特色，可以在大理古城漫游时一一寻访。

门票： 免费
营业时间： 全天开放
微信公众号： 大理古城

◆ **崇圣寺三塔** 见25页地图

崇圣寺三塔位于古城以北的苍山沿线，这三座白色佛塔点缀于苍山洱海间，以其悠久的历史、丰富的文化内涵及独特的美学价值，成为大理的标志和象征。崇圣寺三塔分

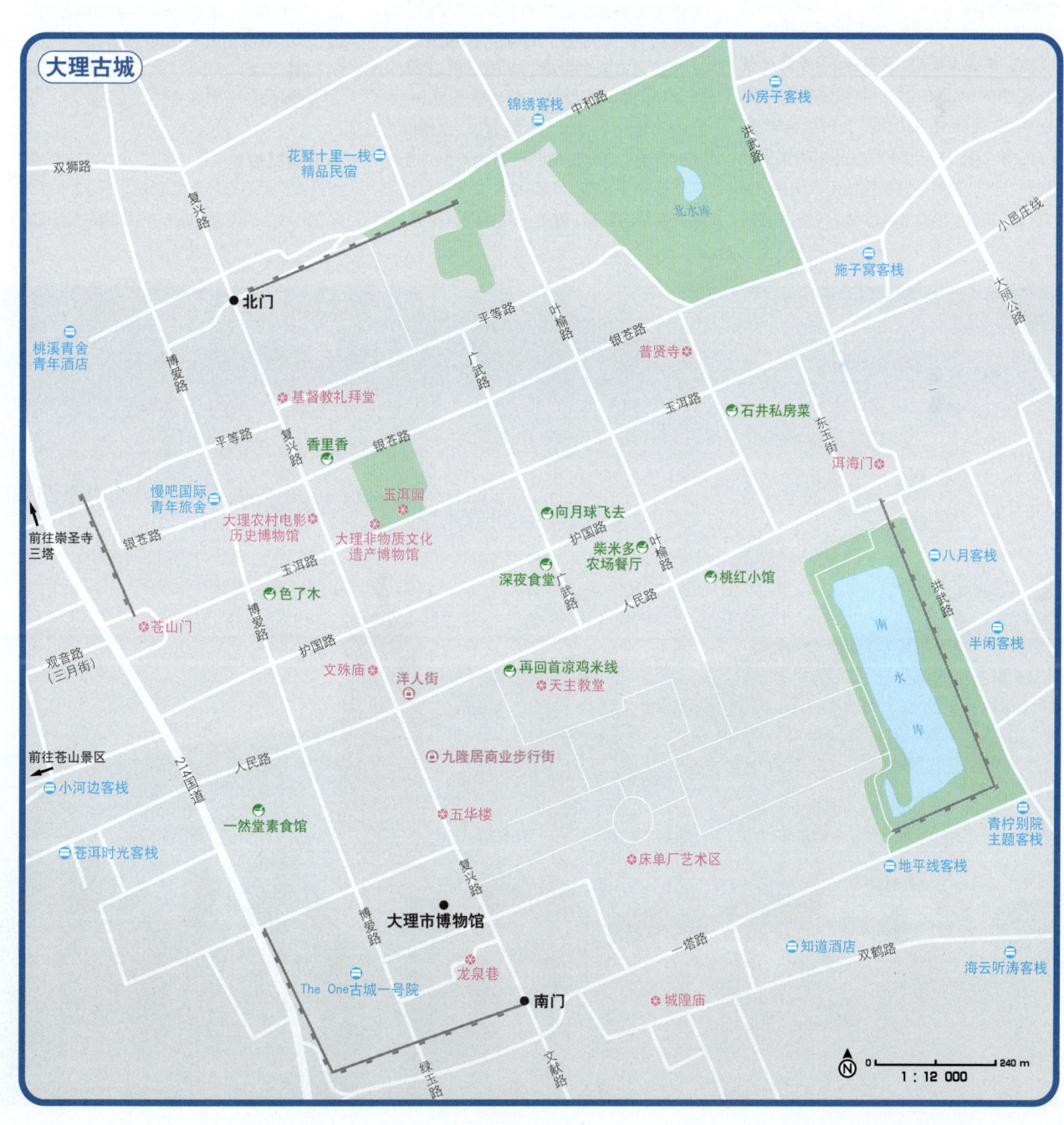

为两大部分：前区以三塔为中心，景点主要包括三塔、南诏建极大钟和雨铜观音殿；后区则是被誉为汉传佛教第一寺的崇圣寺。正中间的大塔叫千寻塔，"寻"在古代是计量高度的单位，一寻相当于八尺，"千寻"是形容主塔之高。千寻塔实际高度为69.13米，建于唐代南诏国时期（833年至840年），为方形密檐式空心砖塔，共16级，塔心内有木梯盘旋而上。两座小塔距离大塔都是70米，三塔呈等腰三角形分布，外观轮廓为锥形，是典型的宋代建筑风格。

门票： 75元
营业时间： 夏季7:00—19:00，冬季7:30—18:30
微信公众号： 崇圣寺三塔文化旅游区

◆苍山景区 见25页地图

大理苍山又名点苍山，位于大理白族自治州境内，地跨大理市、漾濞县、洱源县3县市，属横断山云岭山脉，地质地貌十分复杂，由19峰和18溪组成，面积达900多平方公里。苍山为徒步和登山爱好者提供了绝佳的场所，有多条登山路线可以选择，游客可以沿着古老的山道攀登，探访山上的寺庙，在山顶欣赏大理市和洱海的全景。此外，苍山还是进行山地自行车、攀岩等户外活动的好地方。从古城上苍山有三条索道：中和索道、感通索道和洗马潭索道。中和索道的车厢是半封闭的老式吊篮，可以近距离与苍山的景物接触，但是对于恐高者不友好。感通索道和洗马潭索道游客更多，坐洗马潭索道到达苍山后，可以更方便地前往洗马潭和苍山自然中心。

门票： 40元
营业时间： 8:00—18:00
微信公众号： 大理苍山世界地质公园

◆喜洲古镇 见25页地图

喜洲位于大理古城以北18公里处，西倚苍山，东临洱海，保存有大量的白族民居。游走在古镇里，欣赏随处可见的白族民居，身旁走过身着白族服装的老人，浓郁的白族风情迎面而来。正义门是喜洲古镇的西门，从这里进去就是古镇的老街。西门往内几百米处，有一棵500年树龄的大青树，粗壮到需要几个成年人才能合抱，是喜洲古镇的标志。喜洲古镇保存最为完好的历史建筑是严家大院，大院的主人严子珍曾是喜洲商帮的首富。这里一共有四进院落，分别由两个"三坊一照壁"和两个"四合五天井"组成。古镇的中心是四方街，这里是由众多店铺围成的小广场，也是名小吃喜洲粑粑的原产地，可以来体验正宗的味道。

门票： 免费
营业时间： 全天开放
微信公众号： 喜洲古镇

◆双廊古镇 见25页地图

双廊古镇地处大理市洱海东北岸，东靠佛教名山鸡足山，南接挖色镇，西临洱海。得天独厚的区位优势和地理环境以及丰富多彩的民族民俗风情，使其被誉为"苍洱风光第一镇"。双廊在改造成旅游景区以前，曾是千年古渔村，在主街中段的景点造船世家就有所体现，这里陈列着木质帆船和渔船模型。镇子中除了新建的客栈与民居，主街上的魁星阁、镇南的本主庙和镇北的红山庙都是极具历史价值的古建筑。

门票： 免费
营业时间： 全天开放

◆南诏风情岛 见25页地图

大理南诏风情岛是洱海三岛之一，位于苍洱风景名胜区的黄金地段——洱源县东南端的

▼崇圣寺三塔

云南省 25

双廊乡境内。这座小岛的山顶上建起了高大的南诏行宫，远远望去，非常显眼。南诏风情岛由沙壹母群雕码头、太湖石景群落、阿嵯耶观音广场、南诏避暑行宫、白族本主文化艺术广场、海滩综合游乐园、海景别墅、渔家傲别墅等八大景观组成。景区主要以雕塑为主，展示南诏文化，中心有汉白玉观音立式雕塑，高17.56米，是世界上最高的汉白玉观音雕像。岛上设有两座码头，东部主要码头为大运码头，可以停靠四艘大型游船。

门票： 50元
营业时间： 8:00—17:30

◆ **蝴蝶泉** 见本页地图

蝴蝶泉位于苍山云弄峰下，在大理古城以北25公里处，因电影《五朵金花》而声名远扬。在白族人的心中，蝴蝶泉是象征爱情忠贞的泉，每年蝴蝶会，来自各方的白族青年男女都汇聚在这里，用歌声找到自己的意中人。景区的核心是歪脖子树下的一潭清泉，以前到了春天，蝴蝶常在这棵树下聚会，如今此景不复存在，但景区开设了蝴蝶大世界和蝴蝶标本馆，可以欣赏到世界各地的蝴蝶品种。

门票： 40元
营业时间： 9:00—17:30
微信公众号： 云南大理蝴蝶泉景区

◆ **罗时江湿地** 见本页地图

在洱海源头，有一块重要却低调的湿地——罗时江湿地，位于洱海北部的罗时江入湖口沙坪村九孔桥附近，具有重要的生态功能。罗时江是云南第二大高原淡水湖洱海的主要入湖河流及补给水源之一，占洱海总来水量的13%。罗时江湿地具有天然及人工形成的森林沼泽、沼泽草地、河流等湿地景观，同时也是洱海流域重要的候鸟栖息地，是本地居民及外来游客观景、游憩、观鸟的重要场所。

门票： 免费
营业时间： 全天开放

◆ **沙溪古镇** 见21页地图

沙溪曾是茶马古道上的重要驿站，但也随着茶马古道的衰落慢慢被人遗忘，不过正因为此，如今的沙溪古镇更好地保留了当年茶马小镇的风貌。古镇现有古戏台、兴教寺、玉津桥、本主庙等景点，其中兴教寺是国内罕见的佛教密宗"阿吒力"寺院，大殿外还有一批明代壁画。在镇上走走，欣赏沙溪洞经古乐，看看白族传统的霸王鞭，品尝当地特产羊乳饼，很是惬意。

门票： 免费
营业时间： 全天开放

◆ **先锋沙溪白族书局** 见21页地图

先锋沙溪白族书局位于沙溪古镇东北3公里的村庄中，是南京先锋书店的第五家乡村书店。其前身是一个粮仓，被改造成了融合白族传统风格和现代设计感的多元人文空间。书局内不仅展示了大量与云南文史、大理风貌、少数民族、茶马古道等相关的精品书籍，还特别开发了近百种与白族民俗、沙溪风貌、云南旅游等本地化元素相关的文创产品。此外，书局还设有诗歌咖啡馆和诗歌塔，诗歌塔是一个独特的观景点，由后院的碉楼改建而成，可以俯瞰沙溪古镇的美丽风光。

门票： 免费
营业时间： 10:00—19:00

◆ **石宝山** 见21页地图

石宝山坐落于大理剑川县城西南25公里处，融合了自然奇观与悠久的历史文化，因山中丹霞地貌红砂岩风化出的龟背状裂纹宛若宝物而得名。景区内坐落着海云居、宝相寺、石钟寺等寺院，每一座寺院都承载着深厚的历史底蕴，展现了大理地区独有的宗教文化与建筑艺术。最核心的景点是石钟寺，寺内的8个石窟是石钟山石窟的代表，一号窟和二号窟有反映南诏宫廷生活的造像，历史价值很高，在历史学界甚至有"北有敦煌壁画，南有剑川石窟"的说法。

门票： 65元
营业时间： 9:00—17:00

滇藏线精华之旅

特别呈现

漫步喜洲

起点：正义门
终点：稻田公路
用时：4小时

从 ❶ **正义门** 开始漫步喜洲，沿着街道往前走会看到已有500多年树龄的大青树，大青树下就是 ❷ **苍逸图书馆**，这座乡村图书馆有近百年的历史，曾被老舍先生盛赞，近年得以重新开放。在图书馆流连片刻后，来到 ❸ **紫云山寺**，这座三教合祀的寺院始建于明代，静谧的寺院内尽显沧桑与古朴。继续前行，到第二个巷口往北拐，来到 ❹ **喜洲清真古寺**，游览完毕后沿着清真路来到镇北路，往北走一点就是 ❺ **稼稿集喜洲农耕文化艺术馆**，马路对面是喜洲有风集市，开集的时候可以去看看。沿着集市北面的小路往东走，就来到了 ❻ **董家大院**，这里的古建筑大多已开辟为餐馆或精品酒店，也有一些开放参观，不妨随性游览。继续往南走，来到喜洲著名的地标 ❼ **转角楼**，这里是拍照打卡胜地。继续往南走，来到 ❽ **杨贵贤院**，这座院子有着浓郁的巴洛克风格，在喜洲古镇显得与众不同。再沿着巷子往西走，钻入一条支巷，来到 ❾ **七尺书楼**，游览完七尺书楼后就来到了四方街，这里是喜洲的中心。从四方街可前往 ❿ **严家大院**，这座历史建筑名列国家重点文物保护单位，精致的四进院落别有洞天。游览完毕再往南走，经过一片美丽的古建筑，走到染衣巷后往东来到彩云街，再一路往南到极具特色的 ⓫ **喜洲市场**。逛完市场再往南前往 ⓬ **大慈寺**，这座静谧的古寺始建于唐代，同时也是抗战时期华中大学西迁后的旧址，如今是一座纪念馆。接着往南走就到了 ⓭ **中央祠**，网红景点 ⓮ **稻田公路** 就在中央祠东面附近，秋季水稻成熟时是最美的时候，其余季节则可以在中央祠结束游览。

▼ 苍山与洱海

云南省 27

▲ 丽江古城的日出

◆ 剑川古城　　　　　　见21页地图

剑川古城位于大理北部，建于明洪武二十三年（1390年），已有600多年的历史，古城完整地保留了明代城建格局，西门、北门、南门护城河桥犹存，古民居量占全城的90%以上，至今留有161处明清古院落，其中明代院落有21座。西门街古建筑群是古城的精华所在，已被列入全国重点文物保护单位。这里有颇多古宅保存完好，如七曲巷四合五天井的何宅、五马坊明代古建张宅、赵藩故居光禄第等。古城呈现出多元文化形态，保留着浓郁的原生白族本土文化和独特的阿吒力佛教密宗文化。

门票： 免费
营业时间： 全天开放

丽江市　0888

◆ 丽江古城　　　　　　见28页地图

丽江古城又名大研镇，也叫大研古城，被评定为世界文化遗产。古城始建于宋末元初，历经800多年的历史沧桑变化，是茶马古道上的重要集镇，其厚重的历史文化及优美的自然生态景观贯穿于古城之中。丽江古城景区由四方街、玉河、木府、明清建筑群组成。古城中心的**四方街**铺设着五花石板（红色角砾岩），是几条主街的汇聚处，最为繁华。古城内玉河水系上，修建有354座桥梁，知名的有锁翠桥、大石桥、仁寿桥等，均修建于明清时期。**木府**原为丽江世袭土司木氏的衙署，始建于元代，如今是古城博物馆。

门票： 丽江古城需要缴纳维护费，50元/人。可在微信公众号"丽江古城游"在线缴纳，开具发票。
营业时间： 全天开放
微信公众号： 丽江古城游

◆ 黑龙潭公园　　　　　见28页地图

黑龙潭公园位于丽江古城象山脚下，始建于清乾隆二年（1737年），旧名玉泉龙王庙，乾隆曾赐题"玉泉龙神"，后又获得嘉庆、光绪皇帝敕封"龙神"，逐渐得名"黑龙潭"。公园内的主要景点包括黑龙潭、五孔桥、潭心百花洲、神龙寺、既雨楼、得月楼等。黑龙潭还是丽江古城的水源地，很多旅行者来到这里，是为了欣赏五孔桥、得月楼、雪山及黑龙潭中的雪山倒影组成的"龙潭映雪"景象。从古城的大水车出发，一路沿玉河行进数百米即可到黑龙潭公园南门。

门票： 免费
营业时间： 7:30—21:00
微信公众号： 丽江黑龙潭公园

◆ 玉龙雪山　　　　　　见21页地图

玉龙雪山在纳西语中被称为"欧鲁"，意为"银色的山岩"，它是纳西族人民心中的神山，传说是纳西族保护神"三多"的化身。玉龙雪山的主峰扇子陡海拔5596米，终年积雪，海拔4680米处是游客可以乘坐大索道到达的最高点。游客在前往玉龙雪山时需要注意高原反应，最好携带氧气瓶。

玉龙雪山分为甘海子、冰川公园、蓝月谷、云杉坪和牦牛坪五大片区。仰视玉龙雪山全貌最近的地方是甘海子，这里曾是一处高原冰蚀湖泊，但随着气候变迁，湖水逐渐干涸，形成了一片天然的高山草甸，被当地人称为"干海子"。甘海子是玉龙雪山景区的游客中心和交通枢纽，附近有玉龙雪山冰川博物馆和冰川邮局，还可在此欣赏张艺谋执导的《印象·丽江》实景演出。

冰川公园位于玉龙雪山上，是玉龙雪山现代冰川的典型代表，属于温带海洋性冰川。玉龙雪山共有19条现代冰川，其中最大的冰川——"白水一号"冰川即冰川公园，位于索道上站附近，冰川末端的冰塔林被称为"绿雪奇峰"。从上站附近的平台可沿栈道走到海拔4680米的观景点，多数游客会在此合影留念。

门票： 100元
营业时间： 7:00—16:00
微信公众号： 丽江旅游集团

滇藏线精华之旅

◆ **拉市海湿地公园** 见21页地图
拉市海距离丽江市区约10公里，这座高原湖泊是春季赏花、冬季观鸟的好去处，还可以体验划船和骑马。这里是云南省第一个以"湿地"命名的自然保护区，2004年被列入《国际重要湿地名录》，2005年被列为"国家级野生动物科普教育基地"。湛蓝的天空下，如镜的湖面倒映着玉龙雪山，水鸟或安然栖息，或翱翔于蓝天白云之间，构成一幅高原湿地画卷。湿地内分布着多种水生、湿生植物，构成了丰富的湿地生态系统景观。
门票：30元
营业时间：8:00—18:30

◆ **束河古镇** 见21页地图
束河古镇在纳西语中被称为"绍坞"，意为"高峰之下的村寨"，是纳西先民在丽江坝子中最早的聚居地之一，也是茶马古道上保存完好的重要集镇，还是世界文化遗产丽江古城的重要组成部分。它位于丽江古城西北部，比大研古镇更加幽静古朴，后山是玉龙雪山的余脉。古镇内的主要景点有青龙桥、九鼎龙泉、四方听音广场、茶马古道博物馆等，其中青龙桥建于明万历年间，距今已有400多年的历史，桥体全部由石块垒砌，被誉为"丽江古石桥之最"。
门票：30元
营业时间：全天开放
微信公众号：丽江束河古镇

◆ **长江第一湾** 见21页地图
在香格里拉市南部沙松碧村与丽江石鼓镇之间，万里长江从青藏高原奔流而下进入云南，到了此地突然转向东北，从而形成一个壮观的"V"形河湾，直至虎跳峡附近，这一景观被称为"长江第一湾"。江面海拔约1850米，山高水长，气势磅礴。相传，诸葛亮"五月渡泸"、忽必烈"革囊渡江"都发生在此地，中国工农红军第二方面军也在此渡江北上。
门票：免费
营业时间：全天开放

◆ **虎跳峡** 见21页地图
金沙江由北向南流淌，在石鼓的"长江第一湾"向东拐去，形成一座巨大的峡谷，即虎跳峡。虎跳峡分为丽江和香格里拉两部分，如今游客多从香格里拉一侧进入。香格里拉虎跳峡以雄、奇、险、峻闻名，峡谷全长23公里，海拔高差3900米，分上虎跳、中

云南省   29

虎跳、下虎跳三段。上虎跳是整个峡谷中最窄的一段；中虎跳江中礁石林立，惊涛拍岸；下虎跳较为平缓，景色更加秀丽。上虎跳是旅行者最容易抵达的部分，江心中兀立的虎跳石是传说中老虎借步跳过江面的落脚点，因此得名"虎跳峡"。上虎跳是虎跳峡中开发最完善的景区，游人最多，安全系数最高，基本不受天气因素影响。前往中虎跳和下虎跳，则最好参加团队游。

门票： 45元
营业时间： 8:00—18:00
微信公众号： 香格里拉虎跳峡景区

迪庆藏族自治州　0887

◆ **哈巴雪山观景台**　见21页地图
哈巴雪山位于香格里拉市东南部，是在喜马拉雅山造山运动及第四纪构造运动的强烈影响下，急剧抬高而形成的断块高山。雪山主峰海拔5396米，山脚是奔腾的金沙江虎跳峡，与玉龙雪山隔虎跳峡相望。哈巴雪山片区属于三江并流世界自然遗产，是《世界遗产名录》中最典型的高山针叶林保护区域。
哈巴雪山观景台位于西景线沿线香格里拉市虎跳峡镇红旗村，在这里可以俯瞰整个雪山和周边地区的美景，特别是清晨阳光照在雪山之上，景色更为壮观。

门票： 免费
营业时间： 全天开放

◆ **和谐塔中塔**　见21页地图
和谐塔中塔位于香格里拉入城处，是香格里拉的标志性景观，按照藏传佛教塔中塔的方式构建，在原平安吉祥塔的基础上进行扩建。和谐塔中塔高108米，基座70立方米，内塔高33米，上圆下方，像卫士一样守护着"心中的日月"。白塔缘起于古代印度，称作窣堵坡。由于塔最早是用来供奉或收藏佛舍利（佛骨）、佛像、佛经、僧人遗体等的高耸型点式建筑，所以又称"佛塔"。

门票： 免费
营业时间： 全天开放

◆ **独克宗古城**　见21页地图
香格里拉城区的景点主要集中在独克宗古城。"独克宗"意为月光城，曾是茶马古道重要的入藏集市。古城在2014年遭遇大火，如今已经过修复，仍显得古色古香，幽静宜人。月光广场附近保留了一些从火灾中幸免的传统藏居。古城内分布着迪庆藏族自治州博物馆、龟山公园、中心镇公堂等免费景点，可以在古城闲逛时顺便一游。迪庆藏族自治州博物馆设有迪庆历史文化展、迪庆民族服饰文化展和中国擦擦艺术展3个常设展览。龟山公园汉庙旁的转经筒很有特色，堪称世界最大转经筒，大约有5层楼高。中心镇公堂是一座融合了汉式和藏式风格的历史建筑，外观是汉式的飞檐斗拱，两侧墙壁上绘有藏传佛教的四大金刚。

门票： 免费
营业时间： 全天开放

◆ **纳帕海**　见21页地图
纳帕海是一整片草原与湖泊的统称，包括高原季节性湖泊和沼泽草甸。到了春夏雨季，这里湖水漫过草原；秋末至次年夏秋，湖水下落，导致湖面缩小，湖面变成大片沼泽草甸——依拉草原。这片草原是云南最大的春季牧场，为云南少有的亚高山沼泽和沼泽化草甸。这里也是黑颈鹤、麻鸭、斑头雁等候鸟的越冬之地，且猛禽数量极多，吸引了大量摄影爱好者。纳帕海的北侧还坐落着一个高山植物园，充分展示了低纬度、高海拔的横断山区植物的多样性。

门票： 免费
营业时间： 全天开放

◆ **噶丹·松赞林寺**　见21页地图
噶丹·松赞林寺是云南境内最大的藏传格鲁派佛教寺院，有"小布达拉宫"之称，包括近30座寺庙。清康熙十八年（1679年），五世达赖喇嘛奏请清政府敕修，并亲自选址，经多次扩建，后雍正皇帝赐其汉名"归化寺"，藏语为"噶丹·松赞林寺"。该寺依山势而建，有扎雅、独肯、东旺、绒巴、鲁古五道城门，扎仓（中心大寺）和吉康（宗喀巴大殿）位居最高点，其他康参（藏语意为僧团，即按僧侣籍贯或来源地的地域划分，将大寺僧侣划分为若干团体，形成教区区域性组织）、僧舍簇拥拱卫，高低错落，形成完整而宏大的建筑群。中心大寺为五层藏式碉楼建筑，土石木结构，具有汉式寺庙建筑风格。

门票： 55元
营业时间： 7:30—17:30

> **从丽江自驾前往泸沽湖**
>
> 泸沽湖（见21页地图）位于四川省盐源县与云南省宁蒗县交界处，为两省共有，同时也是两省的界湖，湖东为盐源县泸沽湖镇，湖西为宁蒗县永宁乡，从丽江可沿丽宁公路、宁泸公路前往泸沽湖景区。泸沽湖古时候被称为勒得海、鲁枯湖，纳西族摩梭语中"泸"为山沟，"沽"为里，泸沽湖意即山沟里的湖。两省各自设有售票点（门票均为70元），进入湖区后即可自由通行。湖水西南为云南，沿湖公路多为起伏的山路，主要景点有大洛水、里格、尼塞、小洛水村落，其中大洛水是旅行者最主要的集散地；湖水东北为四川，湖岸地势平坦，主要景点包括草海和走婚桥、洛洼古村落、女神湾等。如今包车或自驾游览很方便，也可租用电瓶车游湖，环湖一周需要4—5小时。如果有更多时间，可以乘坐猪槽船游湖，这种船用木头直接挖成船形，因形似猪槽而得名，曾是泸沽湖沿岸居民互相往来的交通工具。

▼ 独克宗古城

滇藏线精华之旅

纳帕海网红水上公路

纳帕海的网红水上公路是一条因水位上涨而形成的临时性"水上公路"。到了春夏雨季，水漫过公路，浩浩荡荡，在抖音等平台上获得了极高的点赞量，成为许多游客和自驾爱好者的网红打卡地。虽然水上公路的景色迷人，但驾车穿越时需要格外小心。涉水行驶有一定的风险，有可能会面临车辆熄火、车牌掉落等问题。在通过涉水路面时，应仔细观察水情，低速平稳通过，避免大轰油门，以防水花进入发动机导致车辆熄火。在享受美景的同时，应遵守当地交通规则，避免造成不必要的安全事故。

◆普达措   见21页地图

普达措国家公园位于香格里拉市东部，地处滇西北三江并流世界自然遗产中心地带，由国际重要湿地碧塔海自然保护区和三江并流世界自然遗产哈巴片区之属都湖景区两部分组成。碧塔海景区包括高原湖泊、沼泽湿地、大树杜鹃、湖泊小岛、云杉栎树览栈道等景点，是香格里拉核心景区。属都湖是一个典型的高原湖泊，海拔3595米，湖水注入金沙江，景区包括高山草场、高原湖泊、森林湿地和游览栈道等景点，能看到湿地景观、杉树林、杜鹃丛等景观。

门票： 138元
营业时间： 8:30—16:00
微信公众号： 香格里拉普达措

◆巴拉格宗   见21页地图

巴拉格宗景区位于香格里拉市西北部，处于滇、川、藏三省区交界处。景区由尼西巴拉格宗峡谷与格咱碧融峡谷两段构成，最高点巴拉格宗雪山是香格里拉的最高峰，海拔5545米。在这里，可以欣赏巴拉格宗雪山、天然佛塔、棕榈峡、通天峡、原始森林等自然景观，巴拉格宗雪山也是三江并流世界自然遗产红山片区的核心景区之一。

可以乘坐观光车游览巴拉格宗，伴着惊险和刺激尽览52个发夹弯的峡谷风光。

门票： 110元
营业时间： 8:00—17:00
微信公众号： 香格里拉巴拉格宗旅游

◆金沙江大湾   见21页地图

金沙江大湾位于德钦县奔子栏镇G214（西景线）沿线，这一带也被称为金沙江大拐弯。定曲河接纳了玛伊河和硕曲河之后，携三江之水在此汇入金沙江，形成了"三壁夹两江"的奇景。只有站在景区的观景台上，才能看到金沙江围着对岸的日锥峰绕成一个标准的"Ω"形，因此这里也是极佳的摄影点。景区内有三个观景台，可以看到不同视角的金沙江大湾。

门票： 20元
营业时间： 8:00—18:00

◆噶丹·东竹林寺   见21页地图

东竹林寺建于清代，原名"冲冲措岗寺"，意为"仙鹤湖畔之寺"，为噶举派寺院，不过原寺在"文革"时期被毁，如今的寺院是1985年重新修建的。寺院依山势而上，主殿雄伟庄严，为四层土木结构。寺院中最珍贵的文物是3座立体坛城，镶嵌有天珠、玛瑙、绿松石等宝物，保存在寺院正中的大经堂里，此外还收藏有唐卡、刺绣、经书、度母像等传统物件。

门票： 30元
营业时间： 7:00—19:00

◆白马雪山观景台   见21页地图

白马雪山因丰富的动植物种类而著称，是我国面积最大的滇金丝猴国家级自然保护区。保护区内有多个观猴点，游客可在工作人员的带领下前往。除了滇金丝猴，区域内还分布有雪豹、小熊猫、黑熊等动物，以及冷杉、云杉、杜鹃等植物，有"寒温带高山动植物王国"之称。白马雪山的核心区未经许可禁止进入，如果你只是想远眺雪山的风光，可自驾走老G214过白马雪山，沿途会经过说拉拉卡垭口和白马垭口，前者可以远眺主峰扎拉雀尼的风光，中途还会经过几个观景台，都能欣赏雪山的绝美风光。

门票： 免费
营业时间： 全天开放

◆梅里雪山   见21页地图

梅里雪山位于滇、川、藏交界处，属于三江并流地区，与冈仁波齐、阿尼玛卿、尕朵觉沃并称为藏传佛教四大神山。卡瓦格博，汉语意为"河谷地带险峻雄伟的白雪山峰"，是梅里雪山的主峰，海拔6740米，也是云南的最高点。梅里雪山是一片庞大的雪山群，被雪覆盖的山峰超过20座，其中数座海拔超过6000米，与10公里之外的海拔低于2000米的澜沧江河谷形成巨大的反差。梅里雪山著名的"日照金山"是很多人梦寐以求的奇景，日出时云雾消散才能看到，最佳观景点位于飞来寺，以及不远处的雾浓顶。梅里雪山无法登顶，想要近距离欣赏，可以徒步进入雨崩村或者明永冰川。

门票： 免费
营业时间： 8:00—16:30
微信公众号： 德钦梅里雪山国家公园

◆飞来寺   见21页地图

飞来寺位于G214旁，距离德钦县城10公里，作为旅行者熟知的一个地名，飞来寺包括飞来寺观景台和寺庙本身。飞来寺观景台是远眺梅里雪山的传统地点，也是拍摄"日照金山"的绝佳地点。观景台上8座白塔正对梅里雪山主峰卡瓦格博，很适合作为拍摄雪山的前景。飞来寺建于明万历年间，可惜后来被毁，如今的建筑是民国时期重建

▼普达措

云南省　31

▲ 巴拉格宗的雪山

的，寺内的壁画也是后来重绘的，可免费进入参观。

门票： 飞来寺观景台 40 元
营业时间： 全天开放

◆ **雾浓顶**　见 21 页地图

雾浓顶和飞来寺都是远眺梅里雪山的观景点，与飞来寺观景台相比，这里视角有点偏，但视线更开阔，还能看到白马雪山。在这座观景台上，13 座白塔一字排开，在雪山背景的映衬下显得大气磅礴。冬季天气晴朗的日子比较多，更容易看到"日照金山"。雾浓顶村的村舍颇具特色，本身也是不错的景观。

门票： 40 元
营业时间： 全天开放

◆ **明永冰川**　见 21 页地图

梅里雪山拥有四条大冰川——明永、斯农、纽巴和浓松，其中明永冰川位于主峰卡瓦格博之下，已被开发为景区，入口位于冰川下的明永村。这是一条长约 5000 米，南北宽约 3000 米的巨型冰带，冰川宽大的冰舌从海拔 5500 米往下延伸到海拔 2800 米，极为壮观。明永冰川的观赏性很强，看点有冰瀑、冰沟、冰洞、冰斗、冰墙等，冰川地貌随着四季气温的交替而千变万化，构成独特的冰川奇观。在冰川观景台可以观赏到明永冰川最完整的样子。莲花寺也是重要的观景点，可以将卡瓦格博峰和冰川全景尽收眼底。

门票： 55 元，景区车 75 元
营业时间： 8:00—16:00

◆ **雨崩**　见 21 页地图

"雨崩"在藏语里意为堆放着经书的地方，这个如桃花源般的藏族村落，拥有绝美的自然风光——五冠峰、神女峰、卡瓦格博峰都在它的视野之下，同时雨崩还是梅里雪山转山的必经之地，随处可见五彩经幡和嘛呢堆。一条山涧将雨崩分为雨崩上村和雨崩下村，从雨崩上村可前往笑农大本营和冰湖，从雨崩下村可以前往神瀑和神湖。可以选择徒步或者乘坐越野车游览雨崩景区。为了安全考虑，建议报一个徒步旅行团，主流路线需要四五天，坐越野车的话当天可以返回。

雨崩景区中的神瀑和笑农大本营，相对来说较容易到达，地处偏僻的冰湖和神湖则人迹罕至。如果你热爱在原始森林里徒步，一定不能错过神湖。神湖海拔 4400 米，位于神女峰山腰处，被誉为神女峰的一滴眼泪。从雨崩下村前往神湖的徒步路线难度较大，道路陡峭狭窄，海拔落差达到 1500 米左右，海拔高的地方甚至有积雪，行走很困难。不建议独自徒步神湖，最好在雨崩村找一位向导带领前往，同时备足干粮，往返所需时间较长。

门票： 55 元
营业时间： 8:30—16:30

食宿推荐

🍚 **当地美食**

大理镇　大理砂锅鱼、大理生皮、活水煮活鱼
喜洲古镇　喜洲破酥粑粑、乳扇、喜洲老冰棍、鲜花饼
双廊古镇　炭火烤小干鱼、酸辣大花鱼、小白鱼煮豆腐、粉蒸鱼肉
沙溪古镇　藕带蛋、黑山羊、鸡油咸菜、老伴豆腐
丽江古城　小锅米线、砂锅饭、火腿炒饭、丽江粑粑、黄豆面
泸沽湖　米灌肠、牦牛酸奶、酥油茶、炸土豆
香格里拉市　香格里拉糌粑、迪庆坨坨肉、琵琶肉
德钦县　寺不、锅奔火锅、阔耍俄勒、苞谷稀饭

🚌 **热门住宿地**

大理镇　大理古城、洱海公园
喜洲古镇　喜洲古镇内的客栈、民宿
双廊古镇　双廊古镇内的客栈、民宿
沙溪古镇　沙溪古镇内的客栈、民宿
丽江古城　丽江古城内客栈、四方街、古城大水车
泸沽湖　大洛水、里格
香格里拉市　独克宗古城、哈巴村、月光广场
德钦县　雨崩村、奔子栏、飞来寺、升平镇

滇藏线精华之旅

3 南国境线之旅

普洱市 ➡ 西双版纳傣族自治州 ➡ 普洱市

里程：757 公里
天数：9 天
驾驶难度：★★★☆☆
新能源车友好度：★★★☆☆

西双版纳傣族自治州、普洱市的景点比较分散，相隔较远，自驾是最适宜也是最高效的玩法。景洪旅游资源发达，城区和周边分布着不少经典旅行地，景洪以东有中国科学院西双版纳热带植物园、望天树，各种稀奇古怪的动植物令人大开眼界。再沿着 G214 一路往西，章朗、景迈、老达保等少数民族村落坐落在大山深处，一路上你会遇到不少盘山公路，需要小心控制车速。

行程安排

第 1 天 ①普洱市 ➡ ②中国科学院西双版纳热带植物园　159 公里

游览普洱市的茶马古道驿站小镇**那柯里**，品尝普洱特色美食，再沿昆磨高速前往西双版纳傣族自治州勐腊县的中国科学院西双版纳热带植物园，夜宿植物园附近。

第 2 天 ②中国科学院西双版纳热带植物园 ➡ ③勐腊县　80 公里

花一整天时间游览占地面积达 1100 公顷的**中国科学院西双版纳热带植物园**。之后沿昆磨高速前往勐腊县，夜宿勐腊县。从景洪到勐腊也可以选择 213 国道，一路有热带雨林景观可以欣赏，极富自驾乐趣。

第 3 天 ③勐腊县 ➡ ④景洪市　140 公里

游览勐腊县的**望天树**，游览完毕后沿昆磨高速前往景洪市，夜宿景洪市。

第 4 天 ④景洪市

游览景洪市区的**景洪大金塔**、**曼听公园**、**西双版纳总佛寺**，傍晚可以去星光夜市、六国水上市场感受景洪的夜生活。夜宿景洪市。

第 5 天 ④景洪市

继续游览景洪市周边的**傣族园**和**野象谷**。如果你没有去望天树和中国科学院西双版纳热带植物园，也可以在景洪多住一日，前往离景洪城区最近的**西双版纳原始森林公园**。夜宿景洪市。

第 6 天 ④景洪市 ➡ ⑤章朗村　101 公里
⑤章朗村 ➡ ⑥景迈村　93 公里

从景洪市沿景勐高速、X808 行驶至勐海县大山深处的布朗族村寨**章朗村**，游览完毕后，再沿着 X808、G214 前往普洱市景迈村，夜宿景迈村。

第 7 天 ⑥景迈村

游览景迈村的**景迈山古茶林**，景迈茶山值得用一天的时间悠闲地游览，体验手工制茶的乐趣，也可放慢节奏，多住几日。

第 8 天 ⑥景迈村 ➡ ⑦老达保　47 公里
⑦老达保 ➡ ⑧孟连傣族拉祜族佤族自治县　80 公里

从景迈村沿 G214 前往**老达保**，游览完毕后再沿着 S309 前往孟连傣族拉祜族佤族自治县，夜宿孟连县。

第 9 天 ⑧孟连傣族拉祜族佤族自治县 ➡ ⑨西盟佤族自治县　57 公里

游览孟连县的**娜允古城**，游览完毕后，沿西勐路前往西盟佤族自治县，游览西盟县的**勐梭龙潭**，之后结束行程。

云南省 33

南国境线之旅

▼ 那柯里

途中亮点

普洱市 0879

◆那柯里
见本页地图

宁洱哈尼族彝族自治县的那柯里村是古普洱府茶马古道上的一个重要驿站，位于普洱市区以北25公里，生活着彝族、哈尼族、傣族、汉族等民族，"那柯里"意为"小桥流水般的世外桃源之境"，这里保存了那柯里段茶马古道、百年荣发马店、风雨桥以及马灯、马饮水石槽等历史遗迹。除了自然风光和人文历史遗迹，古镇内还有一个绝版木刻实践基地，展示了20世纪80年代诞生于思茅的特色版画创作技法，为那柯里平添了几分艺术气息。

门票： 免费
营业时间： 全天开放

▲ 中国科学院西双版纳热带植物园里的参天大树

西双版纳傣族自治州 0691

◆ **中国科学院西双版纳热带植物园** 见33页地图

这个庞大的植物园是集科学研究、物种保存和科普教育为一体的综合性研究机构和知名的风景名胜区，园区内还保留了一块原始热带雨林，是植物爱好者的天堂。在热带雨林中，可以欣赏到大板根、绞杀、老茎生花等特有的现象。整个植物园分成东西两部分，东区较大，普通游客游览时多选择西区，可以乘坐景区游览车。这里的特色景点包括名人名树园、百竹园、滇南热带野生花卉园、奇花异木园等，跳舞草、大王莲等明星植物让人大开眼界。

门票： 80元
营业时间： 8:00—18:00
微信公众号： 西双版纳热带植物园

◆ **望天树** 见33页地图

望天树是代表东南亚热带雨林的标志性树种，同名景区位于勐腊县国家自然保护区内，最著名的就是那条架空于树冠附近的36米高的空中走廊。走廊长约500米，用铁索在高大的望天树之间连接而成，以尼龙绳和网作为护栏，为游客游览雨林提供了新奇的视角。除此之外，这里还有南腊河、热带雨林风情体验馆、菲利普小道等景点。

门票： 空中走廊+观光游船160元
营业时间： 8:30—18:00

◆ **景洪大金塔** 见35页地图

景洪大金塔位于景洪最繁华的旅游区告庄西双景，是一座泰式风格的佛塔，塔高66.6米，塔顶供奉有佛舍利，塔身周围有4座小塔，加在一起代表着5位佛陀。景洪大金塔一层有一座泰国赠送的玉佛，寺院的广场上还有消灾降魔罗汉塑像。大金塔是在距今1300多年的古佛寺洼庄德旧址上建起的，如今作为景洪的总佛寺，总管景洪的200多座寺院。

门票： 免费
营业时间： 全天开放

◆ **曼听公园** 见35页地图

曼听公园的前身是傣王宫御花园，当地傣族人习惯称其为"春欢"，意为"灵魂之园"。公园里花卉众多，还有著名建筑曼飞龙白塔和景真八角亭的仿建品。进门左手边是傣王行宫，这里的廊房内摆放着一面大芒（māng，即锣），还有西双版纳保存最完整、最大的象脚鼓。这里的最大亮点当数晚上的文艺演出和"澜沧江·湄公河之夜"篝火晚会，届时可以夜游曼听公园、放水灯。

门票： 40元
营业时间： 8:00—16:00
微信公众号： 曼听公园

◆ **西双版纳总佛寺** 见35页地图

这座佛寺相传是7世纪兴建的，如今不仅

前往磨憨

从勐腊沿昆磨高速继续往南行驶45公里可至磨憨，从磨憨口岸可入境老挝，中国籍公民可在老挝磨丁办理落地签证，费用为20美元。通过落地签证入境老挝后，停留期为30天。磨憨是一个乏善可陈的小镇，如果没有出境的需要，其实没有专程到访的必要。如果喜欢边境打卡，这里也有数个可以体验边境风情的小景点。东盟大道两旁有许多商铺，可以购买老挝手工艺品。在磨憨口岸，可以体验边境贸易的繁忙景象。如果赶上每月7日和8日的集市日，可以体验当地的贸易集市，买到各种东南亚商品。

云南省 35

是西双版纳等级最高的佛寺,在东南亚地区宗教地位也很高。它在傣语中被称为"洼坝吉",意思是"像揭答林给孤独园一样美丽、幽静的森林道场"。泰国僧王颂缘和诗琳通公主曾在此种下了贝叶树和菩提树。佛寺殿宇建筑金碧辉煌,装饰繁复,有着浓郁的泰式风格,主殿供奉着一尊由藤条编织的释迦牟尼佛像。总佛寺和曼听公园相连,可以一同游览。

门票: 免费
营业时间: 8:00—18:00
微信公众号: 西双版纳总佛寺

◆ **傣族园**　　　　　　见33页地图
傣族园在距离景洪27公里的橄榄坝,南依澜沧江,北靠龙得湖,是西双版纳最大的傣族原始自然生态村寨群落,不少居民至今仍

▲ 西双版纳总佛寺

▲ 景迈山的翁基古寨

生活在这里。在傣族园，游客可以游览勐罕春满大佛寺、曼听佛寺等古佛寺，这些佛寺代表了丰富厚重的南传上座部文化，佛寺中保存有著名壁画《召如爹米转世》和《释迦牟尼的故事》，此外你还可以聆听傣族民间音乐，欣赏贝叶经制作、傣锦编织、慢轮制陶等非物质文化遗产。这里每天都会上演泼水节活动和大型傣族歌舞，场面热闹非凡。

门票： 45元
营业时间： 8:00—18:00
微信公众号： 西双版纳傣族园景区

◆ 野象谷　　　见33页地图

野象谷位于景洪城区以北30公里处的勐养国家级自然保护区内，以亚洲野象、山地民族及热带雨林文化为特色，是国内少有的能安全见到野生亚洲象的地方。这里的热带雨林和南亚热带常绿阔叶林吸引了野象频繁光顾，但能不能看到它们就要看你的运气了。景区内有高空观象栈道、雨林观光索道、亚洲象博物馆、亚洲象种源繁育基地等景观。

门票： 60元
营业时间： 8:00—18:00
微信公众号： 西双版纳野象谷

◆ 西双版纳原始森林公园　　　见35页地图

西双版纳原始森林公园是距离景洪城最近的一片原始森林，如果不想去望天树、中国科学院热带植物园，可以选择来这处位置方便的热带森林公园，这里融汇了独特的原始热带雨林自然风光和迷人的民族风情。森林公园的占地面积约20平方公里，品种繁多的热带植物遮天蔽日，龙树板根、独木成林、老茎生花、植物绞杀等景象随处可见。园内有热带沟谷雨林、孔雀繁殖基地、九龙飞瀑、曼双龙白塔等数十处景点，还能看到野象、懒猴、野牛、犀鸟、绿孔雀等珍稀野生动物和天料木、鸡毛松等珍稀植物。

门票： 56元
营业时间： 8:30—17:00
微信公众号： 西双版纳原始森林公园

◆ 章朗村　　　见33页地图

章朗村位于勐海县东部，是一座具有千年历史的布朗族古村落，在这里，你会遇到苍劲的古树、古老的佛寺以及热情好客的布朗族人。布朗族是云南最早种茶的民族之一，章朗村拥有700余亩古茶树，并且仍保留着原始的制茶方法。村子入口坐落着拥有千年历史的白象寺，是这座村子的精神中心，珍藏着百余卷贝叶经，寺庙建筑具有独特的布朗族建筑艺术风格。村落保留着布朗族古老的文化传统、生活方式和组织形式，村里的布朗族生态博物馆陈列着经文、服饰和农具，是一个典型的民族文化生态村。

门票： 免费
营业时间： 全天开放

普洱市　0879

◆ 景迈山古茶林　　　见33页地图

2023年9月，普洱景迈山古茶林文化景观成功入选《世界遗产名录》，成为全球首个茶文化世界遗产，景迈山更进一步进入大众的视野。景迈山位于普洱市澜沧县，傣族、布朗族、哈尼族和佤族世居于此。千年来，几个民族共享这座古茶山。大平掌古茶林是欣赏茶园的最佳地点，在这里可以看到与高大乔木共生的古茶林，古茶树和原生古树混在一起，形成了高低错落的植被生态，其中有一棵号称有3000年历史的茶王树。整个茶文化景区包括守望台、茶祖庙、景迈山世居少数民族传统村落游览区等景点，传统村落包括芒景上寨、芒景下寨、翁洼、翁基、芒洪、糯干，最有看点的是翁基和糯干。

门票： 免费

云南省 37

营业时间： 全天开放
微信公众号： 景迈山茶林文化景区

◆ **老达保**　　　　　　　　见33页地图

老达保是普洱市澜沧县南部一个拉祜族村寨，这里保存了完整的传统干栏式建筑，拉祜族《牡帕密帕》创世神话和芦笙舞在这里得以传承。有人说，在老达保寨，"有腿的就会跳舞、有嘴的就会唱歌、有手的就会演奏"，话虽然夸张，但也道出了老达保的拉祜族人能歌善舞的特点。值得一提的是，在这个偏僻传统的少数民族小山村里，有一种西洋乐器竟十分普及，那就是吉他。每逢国庆节、春节、圣诞节等节日，都有机会看到村里的歌舞表演。

门票： 免费
营业时间： 全天开放

◆ **娜允古城**　　　　　　　见33页地图

边城孟连是国内傣族文化保留最完整的地方之一，位于县城的娜允古城曾是孟连末代土司府的所在地，完整地保留了傣族古城结构。娜允古城位于县城南垒河西畔，依山势而建，遵循"三城两寨"的格局。在土司时代，娜允分为上、中、下城，分别为土司、上级官员和下级官员的居住区域；两寨指的是芒方岗、芒方冒两个寨子，是林业官和猎户居住的地方。娜允古城的主要看点有孟连总佛寺、中城佛寺、孟连宣抚司署和上城佛寺。过了县城的老桥头一路往山上走，就能串联起这些景点。娜允最核心的区域是孟连宣抚司署，这里是二十八代刀氏土司的府第，刀氏土司曾世袭统治孟连600余年。现在这座边疆土司衙署重建于清代，保存极为完整，规模也非常大，内部复原了当年的陈设，并展示了土司制度的历史。

门票： 免费
营业时间： 全天开放

◆ **勐梭龙潭**　　　　　　　见33页地图

勐梭龙潭位于西盟佤族自治县3公里处，是一个天然热带雨林淡水湖泊，也是国家水利风景区。风景区湖面海拔1170米，水域面积46.7平方公里，水量丰富，景色优美。当地的少数民族佤族将龙潭奉为圣湖，湖边留下了数以千计的祭祀用的水牛头骨，极具佤族风情。湖岸周边峭壁耸立，原始森林环绕，一路上会看到树包石、独树成林等热带雨林景观。

门票： 10元
营业时间： 8:30—18:30

食宿推荐

🍜 **当地美食**

普洱市　鸡豆腐、豆汤米干、肉心水酥、鸡肉烂饭

景洪市　傣味酸肉、菠萝饭、剁生、傣族竹筒饭、景洪香竹饭

勐海县　勐海烤鸡、香茅草烤鱼、菠萝紫米饭、泡鲁达

澜沧拉祜族自治县　甜笋煮鸡、鸡肉稀饭、嘎里罗刹肉

孟连傣族拉祜族佤族自治县　拉祜烤肉、春苦子果、春野姜苗

西盟佤族自治县　春烤肉、春辣子、凉拌叶子菜

🛏 **热门住宿地**

普洱市　思茅区、茶马古城、梅子湖公园

景洪市　星光夜市、泼水广场、野象谷

勐海县　南糯山、云茶庄园、光芒山

澜沧拉祜族自治县　景迈芒景景区、糯干古寨、芒景村

孟连傣族拉祜族佤族自治县　娜允古镇

西盟佤族自治县　龙潭公园

▼ 娜允古城孟连宣抚司署

南国境线之旅

滇西奇境之旅

德宏傣族景颇族自治州 ➡ 保山市 ➡ 怒江傈僳族自治州

里程：1061 公里
天数：12 天
驾驶难度：★★★★★
新能源车友好度：★☆☆☆☆

从芒市出发，开启这趟探索滇西的旅程。从泸水到丙中洛的 G219 怒江段一路与怒江并行，被称为"怒江美丽公路"。大山深处"最后的秘境"独龙江更有六小民族之一独龙族。由于交通的日益发达，这里比往日更易抵达，路况都还不错，只是仍需要花费不少时间和精力。一路上会遇到不少高黎贡山盘山公路，须谨慎驾驶。

行程安排

第 1 天 ①芒市
游览德宏傣族景颇族自治州芒市的**芒市广场**、**勐焕大金塔**、**勐焕银塔**，夜宿芒市。

第 2~3 天 ①芒市 ➡ ②瑞丽市　102 公里
从芒市出发，沿杭瑞高速前往瑞丽市，游览**姐告口岸**、**边寨喊沙**、**一寨两国**、**姐勒金塔**、**莫里雨林**，夜宿瑞丽市。

第 4 天 ②瑞丽市 ➡ ③腾冲市　180 公里
从瑞丽市出发，沿瑞陇高速、腾陇高速前往保山市腾冲市，游览**和顺古镇**，夜宿和顺古镇。

第 5 天 ③腾冲市
游览腾冲市区的**国殇墓园**和**滇西抗战纪念馆**、**绮罗古镇**，再前往**热海**泡温泉，夜宿腾冲市区。

第 6 天 ③腾冲市
游览**火山公园**、**北海湿地**，秋季银杏叶变黄时，还可前往**银杏村**，夜宿腾冲市区。

第 7 天 ③腾冲市 ➡ ④新寨咖啡庄园　96 公里
④新寨咖啡庄园 ➡ ⑤百花岭　50 公里
从腾冲市出发，沿保腾高速、杭瑞高速、S230 前往**新寨咖啡庄园**，保腾高速途中有壮观的龙江特大桥。游览完咖啡庄园后，再沿 S230，北上到达**百花岭**，夜宿百花岭。

第 8 天 ⑤百花岭 ➡ ⑥泸水市　80 公里
⑥泸水市 ➡ ⑦老姆登村　110 公里
从百花岭出发沿 S230、G357 前往怒江傈僳族自治州泸水市，前往**登埂澡塘**泡温泉。再沿 G219 来到福贡县的怒族村落老姆登，夜宿此地。

第 9 天 ⑦老姆登村
游览**老姆登基督教堂**、**知子罗**、**老姆登茶厂**，夜宿老姆登村。

第 10 天 ⑦老姆登村 ➡ ⑧孔当村　245 公里
⑧孔当村 ➡ ⑨哈滂瀑布　39 公里
⑨哈滂瀑布 ➡ ⑩普卡旺村　34 公里
从老姆登村沿着匹碧线、G219 继续往北开往贡山独龙族怒族自治县，沿途经过**石月亮**、**怒江第一啸**等景点。到达贡山县后，沿贡独公路前往独龙江乡政府驻地**孔当村**，之后前往**哈滂瀑布**，再前往**普卡旺村**游览并夜宿此地。

第 11 天 ⑩普卡旺村 ➡ ⑪丙中洛　125 公里
从普卡旺村沿原路返回贡山县，再沿着 G219 前往**丙中洛**，游览其周边的**怒江第一湾**、**桃花岛**，夜宿丙中洛。

第 12 天 ⑪丙中洛
沿着 G219 继续游览丙中洛到滇藏交界沿线的**重丁教堂**、**雾里**、**秋那桶**，夜宿雾里或秋那桶。从丙中洛可沿丙察察公路前往西藏的察瓦龙和察隅，一般需要两天的时间才能到察隅，开启你的川藏南线（西藏段）之旅。

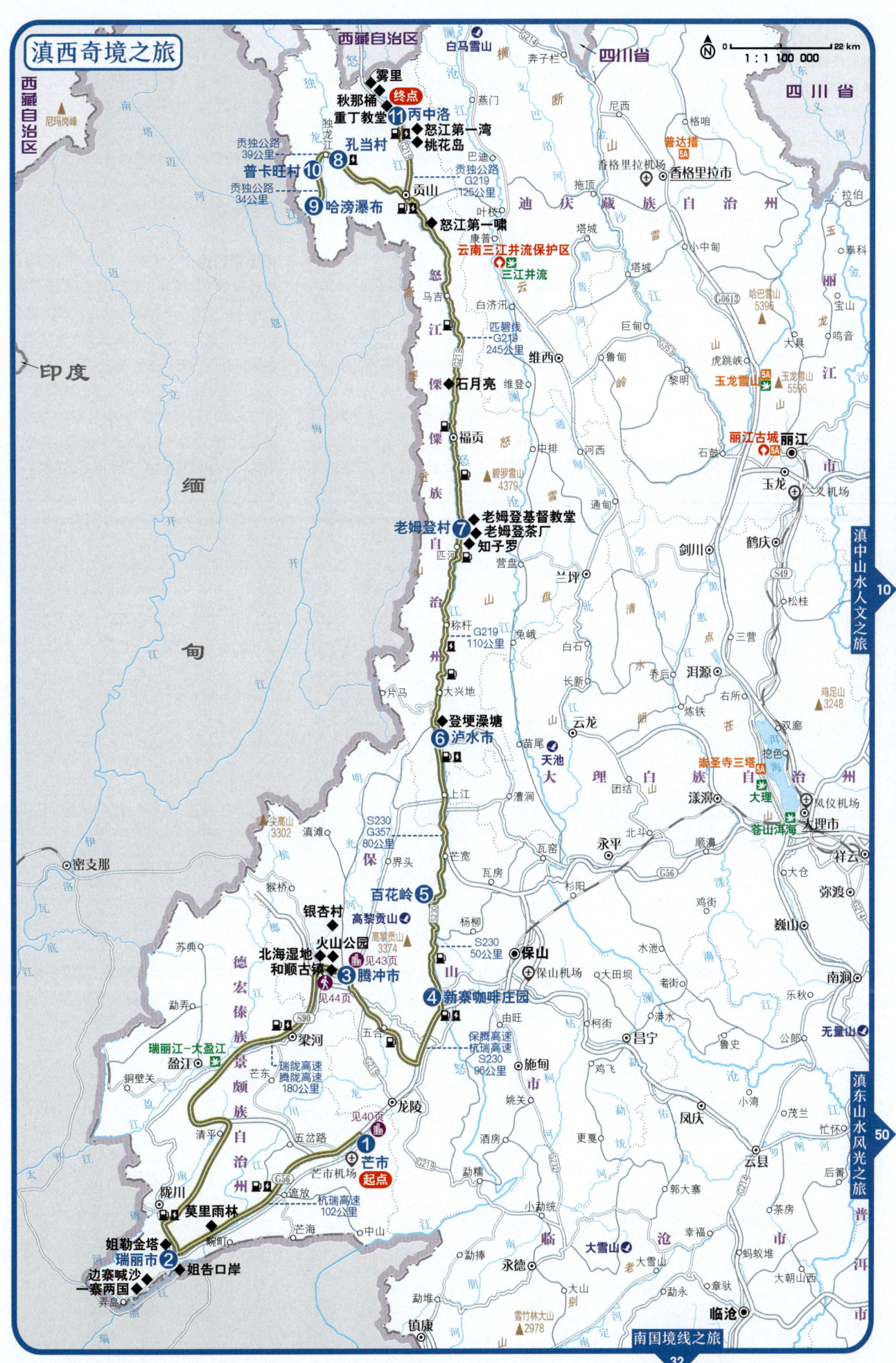

途中亮点

德宏傣族景颇族自治州 0692

◆ 芒市广场
见本页地图

芒市广场是芒市城区的地标性场所，集文化娱乐、休闲观光于一体，是一个极具傣族风情的开放式广场。广场内设有中缅友谊馆、泼水龙亭、音乐喷泉、目瑙示栋等，其中友谊馆内陈列着大量反映近半个世纪以来中缅两国同胞友谊的珍贵历史文物和图文影像资料，还设有中缅官方会晤谈话室。芒市广场内的灯光夜景很美，建筑屋顶金光闪耀，异域风情十足。另外，芒市广场每年4月中旬的泼水节盛况空前，非常值得参与。

门票： 免费
营业时间： 全天开放

◆ 勐焕大金塔
见本页地图

勐焕大金塔坐落在芒市城区东南方孔雀湖畔的雷崖让山之巅，是生活在这里的傣族人的圣地。大金塔现为中国第一金佛塔、亚洲第一空心佛塔，属南亚傣王宫的建筑风格，塔高76米，基座直径50米，造型为八角四门空心佛塔，塔身主体为钟形大塔，第二层和第三层各建有小塔8座，第四层建有8座花瓶塔，最高点的大金顶重达2.3吨。如果你对宗教没什么兴趣，也可以来此俯瞰芒市全景，远眺缅甸。

门票： 40元
营业时间： 8:30—21:00

◆ 勐焕银塔
见本页地图

勐焕银塔整体建筑以纯白为基调，与勐焕大金塔在色彩上形成鲜明对比，两塔屹立在雷崖让山之巅、孔雀湖之畔，一个雍容华丽，一个典雅素静。勐焕大银塔为云南省佛学院德宏分院的一处重要建筑，银塔整体小于金塔，但由于银塔所在山峰高于金塔约20米，因此最终从视觉上看，两塔高度相当。大银塔与大金塔遥相呼应，形成一道别致的风景。大银塔塔身主体和附属设施主要是银白色调，设计化繁为简，将傣族传统特色民族文化与自然景观紧密结合。

门票： 40元
营业时间： 9:00—17:00

◆ 姐告口岸
见39页地图

姐告口岸为国家级的边贸口岸，位于瑞丽市南4公里处，是中国对缅甸贸易最繁忙的陆路通道之一，国门对面是缅甸木姐镇。瑞丽口岸国门分别由三座宏伟建筑组成，这三座建筑彼此相隔不远，依边境而建，中间为主国门，右边为货物通道，左边为人员通道。姐告是傣语"旧城"的意思，相传元末明初这里就曾建城，因此得名。这里有一

排排的民族商店和货棚,摆着中缅两国的日用百货和民族工艺品,但是要小心卖玉石原料的摊位,外行不要随便出手。在主国门旁边有免税店,旅客可按规定购买进口商品。

门票: 免费
营业时间: 全天开放

◆ **边寨喊沙**　　　　见39页地图

位于瑞丽市的边寨喊沙,享有"德宏傣族风情第一寨"的美誉。喊沙在傣语里是"黄金休憩地"的意思,之所以叫边寨,是因为喊沙村距离中缅边境线(一寨两国景区)只有2.5公里。走进村子里,古朴的傣族村落景象还依稀可见,竹楼、凤尾竹、榕树、寨墙上色彩鲜艳的农作画,共同呈现出一幅自然和谐之景。喊沙村里还坐落着一座有名的寺庙——喊沙奘寺,寺庙建于清末,是中缅边境瑞丽最著名的奘寺之一,在南亚、东南亚佛教界都享有盛名。

门票: 25元
营业时间: 8:00—19:00

◆ **一寨两国**　　　　见39页地图

一寨两国位于瑞丽市西南约11公里处,是中缅两国的天然国界屏障,主要以树篱、村道、水沟、土埂为国界线,穿寨而过。71号界碑矗立于寨子中央,将整个村寨一分为二,中方一侧为瑞丽姐相乡银井村,缅方一侧为芒秀。跨境而居的傣族人民语言相通、习俗相同,通婚互市,世代和睦,两国边民"共饮一井水、同赶(赶集,傣语赶摆)一条街",一寨两国也因此而得名。景区内有"微缩仰光金塔"和南传佛教景观;傣式建筑里,脖子上套满金色项圈的布岛族(长颈族)妇女演示着织布工艺并出售织品。

门票: 30元
营业时间: 8:00—19:00

◆ **姐勒金塔**　　　　见39页地图

姐勒金塔坐落于瑞丽市区东北7公里处,是东南亚著名的佛塔之一,属于南传佛教建筑,系大型群塔式建筑。塔群的布局分为里外三层。中央立主塔,中圈一层立中

▲ 勐焕大金塔景区内的卧佛

▼ 芒市广场迎宾门

▲ 姐勒金塔

塔，外圈一层为小塔，16座小塔包围着中央的主塔，主塔高约20米。各塔均为实心砖砌，由塔座、塔身、宝伞、风标、塔铃等部分组成。巨大的圆形塔基上，八方各辟有一山门向外的大型佛龛，龛内置有各式佛像。

门票： 5元
营业时间： 8:00—19:00

◆ **莫里雨林**　　　　　　见39页地图

莫里热带雨林景区位于瑞丽市东北20公里处，景区总面积为7平方公里，属热带雨林景观，丰茂的森林中小溪流淌，风景宜人。"莫里"在傣语中意为"美丽的瀑布"，景区内的森林覆盖率超过96%，以丰富的植物资源闻名，生长着479种花卉及香料植物。游览时沿河谷漫步，可欣赏到佛脚印、植物化石、八宝树王、树包石等奇观。

门票： 50元
营业时间： 8:00—18:00

保山市 0875

◆ **和顺古镇**　　　　　　见39页地图

和顺古镇位于腾冲县城以西4公里处，是云南省著名的侨乡，更是茶马古道重镇、西南丝绸之路的必经之地。和顺因为有河绕村而过，故名"河顺"，后来演化为"和顺"，取"和睦顺畅"之意。古镇建筑环山而建，保留了大量明清时期的祠堂、牌坊、古宅，有"绝胜小苏杭"的美誉。和顺古镇的门票包含和顺图书馆、文昌宫、和顺小巷、弯楼子、刘氏宗祠、李氏宗祠、元龙阁、艾思奇故居等。其中和顺图书馆值得特别探访，游客可以看到匠人用土法制造宣纸，有兴趣可以买一些回去。

门票： 55元
营业时间： 7:30—19:30
微信公众号： 和顺古镇景区

◆ **国殇墓园**
和滇西抗战纪念馆　　见43页地图

国殇墓园和滇西抗战纪念馆是滇西抗战和远征军将士的纪念地，位于保山市腾冲西部。国殇墓园是1945年中国远征军收复滇西后，腾冲人民为纪念中国远征军第二十集团军阵亡将士而建，落成于同年7月7日，占地面积1万多平方米，包括山门、甬

▼ 一寨两国

道、忠烈祠、阵亡将士墓地、腾冲战役阵亡将士纪念塔和倭冢等部分。忠烈祠为重檐歇山式建筑，下方有蒋介石题词的"碧血千秋"，祠堂正中是孙中山的画像，门外放置着一些文献碑。祠堂后方的小团坡自下而上墓碑林立，安葬着在腾冲战役中牺牲的二十集团军的3346位阵亡将士，墓碑从下往上代表不同的军衔。

滇西抗战纪念馆位于国殇墓园东侧，修建于2011年，纪念馆陈展大批抗战文物，包括部分远征军老兵及其后裔向纪念馆捐赠的珍贵实物等，展厅分为抗战后方、御敌前线、怒江对峙、绝地反攻、逐寇出境、老兵不死、祈愿和平七个部分。

门票： 免费
营业时间： 9:00—17:00
微信公众号： 滇西馆

◆ **绮罗古镇**　　　　　　　见本页地图

绮罗古镇位于腾冲城区以南4公里处，与和顺一样，也是著名的侨乡。绮罗原本包括上绮罗、中绮罗和下绮罗，如今上绮罗和中绮罗都已融入城区，下绮罗则保留了不少古建筑，颇有古韵。古镇内有"一宫、二寺、五宗祠"之说，包括文昌宫、水映寺、靖澜寺等多处明清建筑，是绮罗镇古建筑的活化石。其中，文昌宫建于明万历三十七年（1609年），是儒教文庙规制与道教宫观的结合体，有400多年的历史。水映寺是腾冲八大古寺之一，始建于明嘉靖三年（1524年），如今仍香火鼎盛。

门票： 免费
营业时间： 全天开放

◆ **热海**　　　　　　　　　见本页地图

热海位于腾冲西南部的清水乡，面积约为9平方公里，有80多处温泉，水温最高超过90℃，热气将这里笼罩在一片白雾之中。热海中最有特色的是大滚锅，另外还有眼镜泉、美女池等，每个泉眼都有自己的名字和故事。景区内的地热地质博物馆展出了地热知识和温泉的形成过程。泉眼中人气最旺的是大滚锅沸泉，直径6米的热泉翻滚蒸腾，水温高达96.7℃，蒸汽如雾，空气中充满了硫黄味。在这里还能看到云南十八怪中的"鸡蛋串着卖"。热海还建有多家疗养院、酒店，可以在此住一晚，好好体验一番。

门票： 50元
营业时间： 9:00—18:00
微信公众号： 腾冲火山热海

云南省　43

滇西奇境之旅

▼ 热海大滚锅

特别呈现

漫步和顺古镇

起点： 和顺图书馆
终点： 千手观音古树群
用时： 5 小时

从古镇大门出发，来到 ❶ **和顺图书馆**，这座古朴的图书馆创办于 1928 年，从馆名、馆舍到藏书都大有来头。游览完图书馆后往东走，来到沿河而建的和顺小巷，沿路经过走夷方馆、马帮馆、总兵府等老建筑，可顺道一游。沿湖走过酒吧街后，来到堤坝后方的 ❷ **野鸭湖**畔，一路沿着湖边的风雨长廊往前走，来到另一座小湖——龙潭，龙潭的山坡上有一座道观 ❸ **元龙阁**。参观完毕后来到龙潭另一侧的 ❹ **艾思奇故居**，之后返回野鸭湖，走上方的车行道，不久就来到了 ❺ **李氏宗祠**和 ❻ **刘氏宗祠**，参观完毕往北走，穿过尹家坡的巷子来到李家巷，再走大石巷，来到下一个重要景点 ❼ **弯楼子民居博物馆**，这座气派的中式建筑里至今仍能寻见当年走夷方的辉煌。弯楼子巷口的东侧不远处就是 ❽ **寸氏宗祠**，游览完毕后，一路往西南方向漫步，串起 ❾ **尹氏宗祠**、❿ **贾氏宗祠**和 ⓫ **张氏宗祠**，再一直向西南来到 ⓬ **千手观音古树群**，这 7 棵古老的樟树形似千手观音。欣赏完古树后，如果想泡温泉，古树不远处即是柏联温泉，有各种形式的温泉可以选择。

▼ 火山公园

云南省

◆ 火山公园   见39页地图

腾冲火山地热国家地质公园是指腾冲县城以北20公里左右的火山群，包括大小空山、柱状节理、黑鱼河三个相距较远的景点。大小空山的公园大门设在马站乡，这里设有腾冲火山地质博物馆，可以深入了解火山这种地质现象。柱状节理距离公园大门12公里，这里是一片棱角分明的石头柱群，属于火山地区的特有地貌。黑鱼河是一条地下暗河，是腾冲发生火山运动后，由于熔岩流动，岩浆堵塞地下河，使地下水流出地表而形成的河流。河水清澈见底，同时也是腾冲最大的低温温泉。

门票： 35元
营业时间： 8:00—20:00
微信公众号： 腾冲火山热海

◆ 北海湿地   见39页地图

腾冲北海湿地位于腾冲市区西北向，距城12.5公里，保护区面积达16.29平方公里，是中国西南地区唯一的高原火山堰塞湖沼泽地，由北海和青海两个湖泊组成。北海湿地四面环山，水面漂浮着巨大的浮毯型草甸，最厚可达2米。这里生物多样性丰富，是国家一级保护植物莼菜的天然分布区域。每年的4月中旬至5月是湿地最美的季节，此时北海兰绽放，景色迷人。

门票： 55元
营业时间： 8:30—19:00
微信公众号： 腾冲北海湿地服务号

◆ 银杏村   见39页地图

每年11月中旬至12月初，银杏村就会成为腾冲最热门的旅行目的地。银杏村位于腾冲城区以北30多公里处，4万多株银杏散布在村子的田间地头，其中数株有百年以上的树龄，远远望去，"村在林中，林在村中"，相映成景。这里也有很多点缀着银杏树的农家乐，每个农家乐都可以进去参观，即使只是拍照也无妨。从村口三岔路的银杏广场往前可到达核心景区陈家寨，这是游客和银杏树最密集的地方，其他区域则相对安静。

门票： 30元
营业时间： 7:00—20:00
微信公众号： 腾冲银杏村景区

◆ 新寨咖啡庄园   见39页地图

新寨咖啡庄园位于保山市潞江坝高黎贡山下坝湾村中心的一块台地上，向北可以俯瞰潞江坝和怒江峡谷景观。庄园于2018年建成，整体建筑面积达2000平方米，由建筑师华黎设计，从一个原本荒废的院子，变身为咖啡主题展馆。庄园内有咖啡储存和加工空间、咖啡厅、咖啡博物馆、民宿等。在这里，不仅能喝到正宗的小粒咖啡，还可以深入了解小粒咖啡。

门票： 免费
营业时间： 8:30—19:00
微信公众号： 新寨咖啡

◆ 百花岭   见39页地图

百花岭位于保山市区的西北方向、高黎贡山东侧，这里是最容易近距离接触"世界物种基因库"高黎贡山自然保护区的地方。山体完整的垂直生态系统，使得高黎贡山的植被类型十分丰富，保护区内的森林覆盖率达93%。这里的原始森林是许多珍稀鸟类繁衍生息的地方，也是全国著名的观鸟基地。每年11月至次年3月，观鸟爱好者和摄影爱好者蜂拥而来，观鸟通常需要向导，否则看到稀有鸟类的概率比较低。除了观鸟，泡温泉也是百花岭的热门活动。澡堂河温泉是当地人最喜爱的野温泉，这是一个全天然的温泉，位于海拔1400米处，背靠山壁，面朝山谷，可以在满目绿意中享受温泉。

门票： 免费
营业时间： 全天开放

怒江傈僳族自治州 0886

◆ 登埂澡塘   见39页地图

登埂澡塘是位于泸水市怒江西岸的一个免费的天然温泉区域，以丰富的温泉资源和独特的民族文化而闻名。在约200米的江岸范围内，分布着大小泉眼18处，因此有"登埂温泉18塘"之说。登埂澡塘不仅是一个自然景观，也是当地傈僳族等少数民族文化传统的重要组成部分。每年的春节期间，尤其是农历正月初二到初六，这里会举行盛大的"澡塘会"，届时游客无法泡温泉。傈僳族人民相信，在这几天内洗过澡的人一年都不会生病，因此他们会从四面八方聚集到这里，进行沐浴、对歌、射弩、跳锅庄等活动。这个传统已经沿袭了数百年，是傈僳族"阔时节"（相当于汉族的春节）中的一项重要内容。

门票： 免费
营业时间： 全天开放

◆ 老姆登基督教堂   见39页地图

老姆登是福贡县匹河怒族乡的一个村落，坐落于碧罗雪山半山腰，是去往"记忆之城"知子罗的必经之地。"老姆登"是怒族语的音译，意思是"人喜欢来的地方"，村子一边是碧罗雪山，一边是高黎贡山，中间还有怒江奔腾而过，随处所见都是美景。老姆登基督教堂坐落在老姆登的悬崖边，这是一座青砖墙、红漆木窗、铁皮屋顶的建筑，加上青山、湖水、白云，无疑是全州最漂亮的基督教堂。村民们至今都会在这里做礼拜，如果恰逢礼拜时间到访，可以去聆听怒族语、傈僳族语无伴奏唱诗。

门票： 免费
营业时间： 全天开放

◆ 知子罗   见39页地图

沿着老姆登村往上步行半个小时，是"记忆之城"知子罗，这里至今保留着20世纪六七十年代的房屋建筑。在傈僳族语里，"知子罗"的意思是好地方，这里曾是怒江的州府，碧江县的县城所在地，还是茶盐古道的重要节点。随着茶盐古道的没落，以及州府迁出、碧江县被撤等原因，知子罗变成一座废弃之城。原碧江县图书馆是知子罗的标志性建筑，人称"八角楼"，建成后并

滇西奇境之旅

▲ 碧罗雪山

未被启用，现在被改为怒族博物馆。登上八角楼可俯瞰怒江大峡谷，观赏怒江从高黎贡山、碧罗雪山两山之间汹涌南下。

门票： 免费
营业时间： 全天开放

◆ **老姆登茶厂**　　见39页地图
老姆登茶厂是老姆登茶的主要产区，这里种植着20世纪60年代从云南其他地方引种过来的大叶茶，包括红茶和绿茶，茶厂的茶叶种植面积达到了1800公顷，近年来成为网红打卡地。老姆登茶是一种地理标志产品，以其独特的自然生态环境和特定的生产方式而闻名。老姆登茶的种植区域拥有得天独厚的自然条件，包括适宜的海拔高度、肥沃的土壤、丰富的降水以及优质的水源，这些条件共同孕育出了品质上乘的老姆登茶。可以自驾从知子罗拐上茶厂，到茶厂之前，公路有个发卡弯，在这个发卡弯可以将碧罗雪山、高黎贡山一览无余。

门票： 免费
营业时间： 全天开放

◆ **石月亮**　　见39页地图
石月亮是福贡县北部G219沿线的一个天然孔洞，被傈僳族人民称为"亚哈巴"，汉语译为"石月亮"。石月亮所在的月亮山海拔约4000米，顶部的天然孔洞呈椭圆形，群峰簇拥，高悬于峰海山林之中，是怒江大峡谷的奇景之一。月亮山的地质构造特殊，位于欧亚板块与印度板块的接合部，强烈的地质应力和地壳上升造就了这一地质奇观。石月亮不仅是一个自然景观，它在傈僳族文化中具有重要的地位，被视为傈僳族的图腾和发源地，与傈僳族的大洪水神话紧密相关。

门票： 免费
营业时间： 全天开放

◆ **怒江第一啸**　　见39页地图
沿着G219向北行驶，距离贡山县大约15公里处，能看到一块"怒江第一啸"的标识牌竖立在月谷，提醒人们停车驻足，观赏怒江的惊涛，感受怒江的啸声。一路咆哮的怒江从贡山县城奔腾南下到月谷，江面从100余米突然收紧到50余米，平静的怒江水变得湍急万分，浪花飞溅，发出雷霆万钧、震耳欲聋的怒吼声，形成70余米的巨浪，甚是壮观。

门票： 免费
营业时间： 全天开放

◆ **孔当村**　　见39页地图
孔当村隶属于贡山县独龙江乡，位于独龙江乡南边，距离乡政府所在地约1公里，交通便利。孔当村作为独龙族的聚居地，拥有丰富的民族文化和传统习俗，为游客提供了

> **碧罗雪山徒步**
> 碧罗雪山位于云南省西北部，是横断山脉的一部分，也是怒江与澜沧江的分水岭。这里以壮丽的自然风光和独特的生物多样性而闻名，可从老姆登出发，徒步深入碧罗雪山。全程3天，如需露营，则需要准备睡袋和帐篷，以及必要的急救药品。第1天从老姆登到西哨房，第2天翻越3900米的垭口至高山牧场，第3天下山，一路将翻越两个垭口，风光非常壮观。由于路线较长且海拔变化大，建议携带足够的水和食物，穿着合适的徒步鞋和衣物。出发前建议聘请当地向导，他们熟悉路线和当地环境，能够提供帮助和支持。

云南省 47

独特的文化体验机会。村中有一个独龙族博物馆，展示了独龙族生产生活用具，如竹篮、背板、捕猎用具等。此外，孔当村还拥有壮丽的自然景观，包括翠绿的独龙江河谷、原始森林和高山风光。

门票： 免费
营业时间： 全天开放

◆ **哈滂瀑布**　　　　　　　　见39页地图
哈滂瀑布位于独龙江乡马库村，也被称为月亮大瀑布。瀑布从陡峭的山峰间跌落，形成了约200米高的跌水，轰鸣着顺崖喷涌而下，直冲进独龙江中，溅起数丈高的水柱，景色非常壮观。哈滂瀑布的水量随季节变化，在旱季时水量较小，大约只有20米宽；而到了雨季，尤其是5月份至9月份，水量会变得相当大，瀑布的气势更加磅礴。

门票： 免费
营业时间： 全天开放

◆ **普卡旺村**　　　　　　　　见39页地图
普卡旺村坐落在孔当村往南6公里处的深山峡谷中。这个村落是来独龙江的游客到访最多的目的地，以原始的自然风光和独特的独龙族文化而闻名。普卡旺村的居民主要是独龙族人，他们的生活方式和文化传统在这里得到了很好的保护和传承。村落周围的自然环境非常优美，大片的丛林环绕，四周郁郁葱葱，独龙江自由流淌，为这个村落增添了一份宁静与和谐。

▲ 老姆登基督教堂

门票： 免费
营业时间： 全天开放

◆ **丙中洛**　　　　　　　　见39页地图
汹涌澎湃的怒江在丙中洛形成一个优美的弧度，江两岸常年郁郁葱葱，高黎贡山环绕着这座山谷，共同组成一个世外桃源。这里人口不多，但多民族和谐共居，有怒族、傈僳族、藏族、独龙族，居民分别是基督教、天主教、藏传佛教的信徒，人们称此地为"人神共居"的地方。丙中洛最有名的景点是怒江第一湾；桃花岛和普化寺也值得一游，前者因春天桃花极尽绚烂而得名，有一个观景台可以俯瞰桃花岛，后者是一座藏传佛教噶举派寺院，两者都可从丙中洛镇徒步前往。与此同时，丙中洛随处可见的田园风光本身也是值得流连的美丽风景。丙中洛镇上有住宿和就餐的地方，可以作为中途休整之地。

门票： 免费
营业时间： 全天开放

◆ **怒江第一湾**　　　　　　　　见39页地图
怒江流经丙中洛乡日丹村附近，由于王箐大

▼ 知子罗

滇西奇境之旅

▲ 怒江大峡谷边的贡山县

悬岩绝壁的阻隔，江水的流向从由北向南改为由东向西，流出 300 余米后，又被丹拉大山挡住去路，只好再次调头由西向东急转，在这里形成了一个半圆形大湾，称为怒江第一湾。湾上的怒江台地平坦开阔，是个三面环水的半岛状小平地。怒江第一湾观景台在往贡山方向的 G219 边，距离丙中洛仅 4 公里，但要想拍摄第一湾全景的话，建议前往贡当神山观景台。

门票： 免费

营业时间： 全天开放

◆ **桃花岛** 见 39 页地图

桃花岛实际上并不是一个真正的岛屿，而是一座被怒江环绕的半岛，位于丙中洛以东的怒江彼岸，在丙中洛与怒江第一湾之间。岛上桃花众多，尤其在春季，桃花盛开时，整个地区被粉红色的桃花覆盖，景色非常迷人。要进入桃花岛，需要通过一座横跨怒江的吊桥，这座桥连接着丙中洛和桃花岛。走在吊桥上，可以体验到桥身晃动的刺激感，同时欣赏到怒江的壮丽景色。岛上的居民生活简朴，家家户户都种植着油菜花，他们用马匹驮着日用品，从桥上通过。

门票： 免费

营业时间： 全天开放

◆ **重丁教堂** 见 39 页地图

重丁教堂，全称重丁天主教堂，位于丙中洛乡重丁村。这座教堂的历史可以追溯到 19 世纪末，当时法国天主教传教士任安守从康定取道盐井，抵达西藏察隅县的察瓦龙地区传教，随后进入怒江地区。重丁教堂的建设历时约十年，最终在 1935 年落成。教堂的建筑风格为法式结构，两旁为住楼，中间为礼拜堂，还建有两座钟楼。这座教堂在"文化大革命"期间被毁，后来于 1996 年在原址上进行了重建，但规模远小于过去

> **从丙中洛到察隅**
>
> 丙察察线路，从云南的丙中洛出发，经过西藏的察瓦龙，最终到达西藏的察隅，是一条经典的进藏自驾路线。这条路线因原始的自然风光和艰险的路况而闻名，曾被视为进藏越野路线的终极代表。丙察察线路弯道较多，建议车速不要过快，并且不要占用对向车道。在过弯道时，应提前鸣笛，警示可能的对向来车，尤其是在丙中洛至察隅沿怒江河谷的路段。新手司机不应轻易尝试挑战丙察察线路，尤其是甲应村段，因为这里有盘山窄路、垭口大雪和路面结冰等危险情况。4 月至 5 月和 9 月至 10 月是自驾丙察察的最佳季节，尤其是 5 月和 10 月。冬季（11 月至次年 4 月）大雪封山，非常危险；夏季（6 月至 8 月）是雨季，灾害频发，断路风险大。

云南省 49

的大教堂。值得一提的是，重丁教堂的建立者任安守传教士在丙中洛地区生活了近40年，他在1937年去世后，被埋葬在重丁教堂旁边，墓碑上刻有他的姓名和生卒年份（Annet Genestler, 1856—1937）。

门票：免费
营业时间：全天开放

◆ **雾里** 　　　　　　　　　　见39页地图
雾里村坐落于丙中洛北部的怒江边，是一个典型的茶马古道上的村寨。村庄的气候条件属于低纬高原季风气候，著名的景点包括雾里村本身和怒江峡谷。这里的居民主要是藏族、怒族和傈僳族，建筑是这座村落的特色，村民们的房屋屋顶都是用从山上开采的石板建成的。村庄三面环山，一面临江，坐落在一片扇形斜坡之上，深褐色的高脚木屋点缀着翠绿的田野，村前是碧蓝的江水，村后是叠翠的青山，极具诗情画意。

门票：免费
营业时间：全天开放

◆ **秋那桶** 　　　　　　　　　见39页地图
秋那桶是位于丙中洛最北端的村庄，这个名称源自当地怒族语言，意为"依山傍水的地方"。秋那桶坐落在怒江大峡谷的精华区域，以茂密的原始森林、众多的瀑布和沿途壮观的景色而闻名。它不仅是怒江"北大门"，也是出藏入滇的第一村。秋那桶村的建筑具有鲜明的怒族特色，如木楞房和吊脚楼，这些建筑大多建在半山腰上，以适应高山峡谷地形的特点。村落周围的自然环境非常美丽，一边是碧罗雪山，一边是嘎娃嘎普雪山，而怒江则在村旁奔腾而过。

门票：免费
营业时间：全天开放

食宿推荐

🍲 **当地美食**

保山市	保山大烧、坛子鸡、云南春卷、保山豆粉
泸水市	侠辣、漆油炖鸡、石板粑粑
福贡县	漆蜡鸡、苞谷砂稀饭、傈僳族手抓饭、酸竹菜
贡山县	草木灰煎石板粑粑、簸箕饭、漆油炖鸡、烤乳猪
丙中洛镇	酥油茶、苦荞粑粑、皮巴肉

🏠 **热门住宿地**

保山市	隆阳区、板桥古镇、三馆广场
泸水市	六库、怒江大桥、青山公园
福贡县	老姆登村、知子罗、飞来石
贡山县	贡山县城、石门关
丙中洛镇	丙中洛、雾里村、怒江第一湾

▼ 独龙江上的"彩虹桥"

滇西奇境之旅

5 滇东山水风光之旅

昭通市 ➡ 曲靖市 ➡ 昆明市 ➡ 曲靖市 ➡ 文山壮族苗族自治州 ➡ 红河哈尼族彝族自治州

里程：1416 公里
天数：10 天
驾驶难度：★★★☆☆
新能源车友好度：★★★☆☆

这条线路涵盖了滇东的多样风光，一路驰骋，前方总有令人惊喜的风景。值得注意的是，这条线路上的目的地季节性较强，普者黑最美的季节是夏季荷花开放之时，罗平油菜花盛放之时是春天，元阳最佳拍摄时节则在冬季放水之时，须提前做好规划。

行程安排

第1天 ①昭通市 ➡ ②大山包　64 公里
从昭通市区沿 G356、昭大线前往昭阳区**大山包**游览，夜宿大山包。

第2天 ②大山包景区 ➡ ③会泽县　183 公里
从大山包返回昭通市，再沿着银昆高速前往曲靖市会泽县，游览**会泽古城**和周边的**白雾村**，夜宿会泽县。

第3天 ③会泽县 ➡ ④大海草山　38 公里
④大海草山 ➡ ⑤东川红土地　115 公里
从会泽县出发，沿着 G248、会宜线前往**大海草山**，游览完毕后，再沿 G248 开往昆明市东川区的**东川红土地**，游览完毕后夜宿此地。

第4天 ⑤东川红土地 ➡ ⑥罗平县　277 公里
从东川红土地出发，沿着寻沾高速、曲砚高速前往曲靖市罗平县。2月和3月是观赏油菜花的时节，除了最著名的**油菜花节主会场**，罗平县周边的金鸡峰丛、螺丝田、湾子水库也是观赏油菜花的景区。夜宿罗平县。

第5天 ⑥罗平县 ➡ ⑦九龙瀑布群　20 公里
⑦九龙瀑布群 ➡ ⑧鲁布革小三峡　40 公里
⑧鲁布革小三峡 ➡ ⑨那色峰海　56 公里
从罗平县走汕昆高速前往**九龙瀑布群**，游览完毕后沿新师线前往**鲁布革小三峡**游览，之后再沿板羊线 X606 前往**那色峰海**，夜宿那色峰海。

第6天 ⑨那色峰海 ➡ ⑩普者黑　190 公里
从那色峰海出发沿江召公路、S206、S207 前往文山壮族苗族自治州丘北县的普者黑，沿途走省道，需要 5 个小时的车程，最好早一点出发，沿途会经过曲靖市师宗县的**凤凰谷**。6月至9月是**普者黑**最美的时节，冬天的普者黑比较萧条，不推荐前往。夜宿普者黑。

第7天 ⑩普者黑
继续游览**普者黑**，夜宿普者黑。

第8天 ⑩普者黑 ➡ ⑪碧色寨　223 公里
⑪碧色寨 ➡ ⑫建水古城　80 公里
从普者黑出发，沿着普炭公路、天猴高速前往红河哈尼族彝族自治州蒙自市，参观蒙自市东北 10 公里处的**碧色寨**，游览完毕后沿着蒙蚂线、天猴高速前往建水县，游览**建水古城**，夜宿古城。

第9天 ⑫建水古城
继续游览建水古城，再乘坐由建水临安站至团山站的**观光米轨小火车**前往团山村，游览**团山村**。夜宿建水古城。

第10天 ⑫建水古城 ➡ ⑬元阳梯田　130 公里
从建水县出发，沿着建元高速、元绿二级公路前往元阳县，游览**元阳梯田**。游览完毕后结束行程。

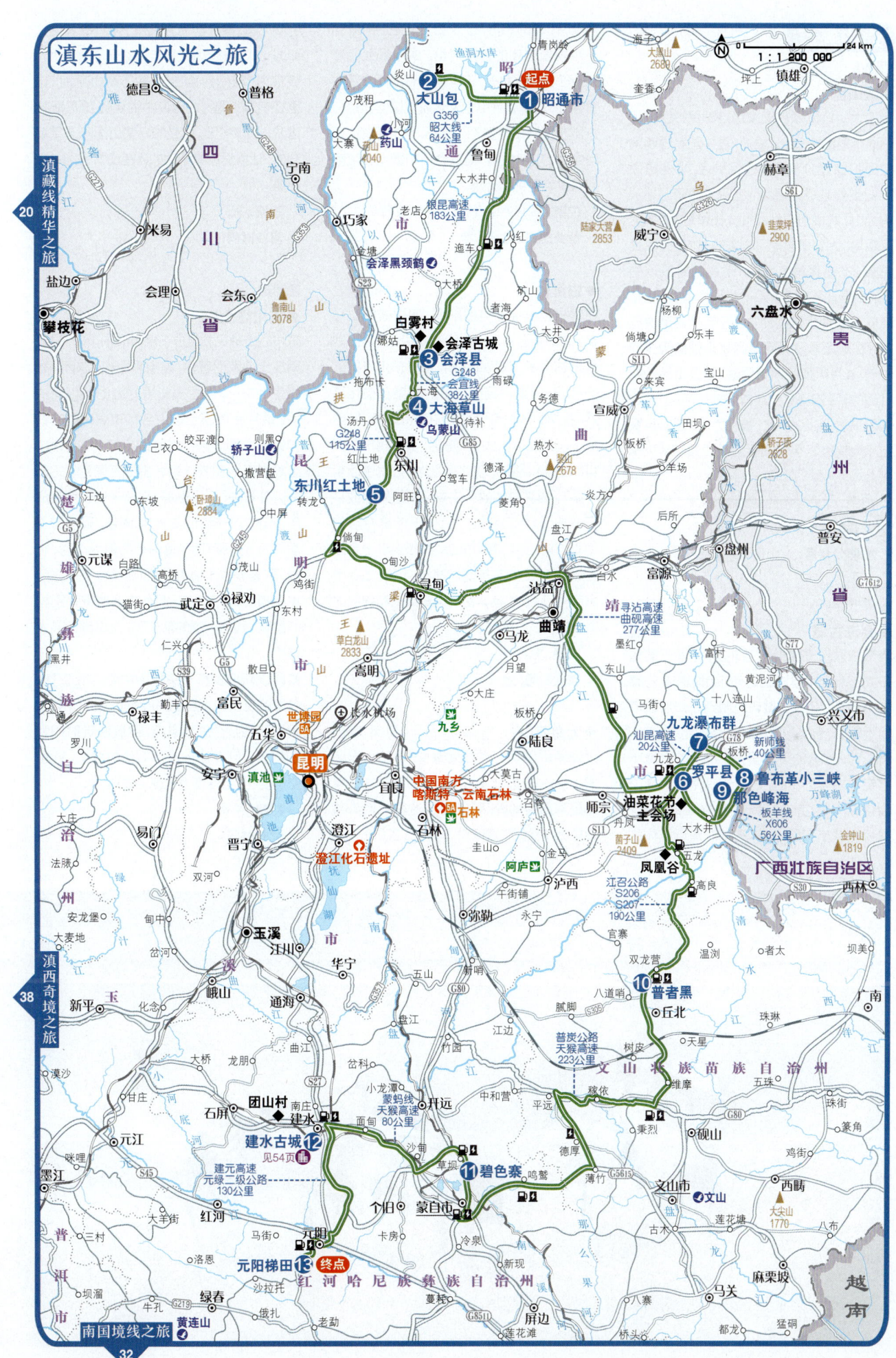

途中亮点

昭通市 0870

◆大山包
见51页地图

云南大山包黑颈鹤国家级自然保护区位于昭通市西部约65公里处,是中国黑颈鹤单位面积数量分布最多的保护区,也是黑颈鹤的重要越冬栖息地,包括大海子湿地、鸡公山、跳墩河湿地和仙人田草甸。如果为了观鸟,大海子湿地是必来的,这里是黑颈鹤最多、观察角度最好、观察距离最近的地方,要记得备好望远镜和长焦镜头,近距离欣赏这种优雅的动物。每年11月至次年4月是观鸟季,1月至3月是黑颈鹤最多的时节,4月黑颈鹤开始北返。鸡公山是一处壮阔的峡谷景观,全年皆可前往观赏,峡谷落差高达2600余米,被称为"中国的科罗拉多大峡谷"。到达景区后必须乘坐换乘车进入。

门票: 保护区免费,各景点联票128元
营业时间: 换乘车 8:30—18:00
微信公众号: 大山包环线景区

曲靖市 0874

◆会泽古城
见51页地图

会泽古城位于曲靖市西北部,始建于清雍正九年(1731年),由时任东川知府崔乃镛主持建造。会泽古城曾是明清东川府的府治所在地,也是万里铜运之路的起点,曾兴盛一时。古城的设计呈"田"字形,老城十字街是古城的中心,一横一纵两条街道交会构成"十"字,加上方形的城墙,形成了独特的城市布局。会泽古城的建筑群体联袂成片,既遥相呼应,又各具特色,构成了一个规模宏伟的古建筑群。保存最为完好的街区在西北角落,这里坐落着江西会馆、唐继尧故居、会泽红色文化展览馆等景点;古城东部则保存了不少会馆,湖北会馆、江南会馆、川陕会馆、福建会馆和贵州会馆都拥有美轮美奂的外观。

门票: 古城免费,各景点单独收费
营业时间: 全天开放

◆白雾村
见51页地图

白雾村位于会泽县娜姑镇,四周被群山环绕,北部有老乌青山山脉的老尖山,南部则是娜姑坝子。明朝中后期,由于东川府铜矿的开发,白雾村经历了经济繁荣和文化昌盛的时期,成为会泽西部的商贸重镇,并形成了南铜北运的大站,是明、清王朝铸币铜料的主要供应地,因此被誉为"万里京运第一站"。白雾村的建筑主要沿街巷垂直或平行分布,其中白雾古戏台位于传统村落的中心位置,是村落的核心。村落内有十余座会馆、祠堂、庙宇等明清建筑,以及150余家商号,反映了其丰富的历史文化和曾经的商业繁荣。

门票: 免费
营业时间: 全天开放

◆大海草山
见51页地图

大海草山位于会泽县大海乡东南部,属乌蒙山系主峰段,这处将近20万亩的高山草甸是滇东名列前茅的牧区。这里的地势整体较为平缓,广阔无垠,海拔为2000米至4000米。春夏季节,各色山花点缀其间,如同一块七彩草毯,牛羊点缀于草毯之上,被称为"云南新西兰"。除了高山草甸,这里还有泉眼溪水、传说中的佛光和喀斯特溶洞。到了冬天,此处的乌蒙山国际滑雪场开放,让喜爱冰雪运动的人在南方也能过一把瘾。

门票: 35元
营业时间: 8:00—18:00

昆明市 0871

◆东川红土地
见51页地图

东川红土地风景区位于昆明市东川区,以云南红土地貌而著称,是电影《无问东西》的取景地之一,也是摄影爱好者的热门目的地。这片土地因土壤中含有较高比例的铁和铝成分而呈现出炫目的赤红色,当这些土地被田地和农作物分割成不同色块时,从远处看去,五彩斑斓,与蓝天白云相映成趣,形成了一幅壮观的自然画卷。最佳游览季节为3月至5月,此时色彩最为丰富,土豆、荞麦等农作物也在此时成熟。冬季雪后也是摄影的好时节,雪为红土地带来别样的韵味。雨后天晴的前三天,土壤颜色最为鲜艳。

景区以新田乡花石头村为中心,方圆几十公里的范围内,坐落着锦绣园、千年龙树、乐谱凹等8个主要景点,建议游玩时间为2—3天。可在新田乡花石头村住宿,这里交通便利,且住宿设施最为成熟。

门票: 免费
营业时间: 全天开放

▼ 大山包保护区内的黑颈鹤

曲靖市 0874

◆ 油菜花节主会场
见51页地图

罗平曾是神秘的夜郎古国属地，历史悠久。如今，油菜花已经成了这里的旅游名片，油菜花的盛花期一般在2月下旬至3月上旬。油菜花盛放之时，罗平会举办云南罗平油菜花旅游节，位于县城往南刚出城的一片平坦农田就是油菜花节主会场。届时这里会被漫无边际的金黄油菜花包围，花海中还有各种文艺演出，甚至可以乘坐小火车穿越花海。

罗平的赏花地点还包括金鸡峰丛、螺丝田、湾子水库等。金鸡峰丛位于县城东北12公里处，为喀斯特峰丛，孤峰点缀在金黄色的花海中，赏心悦目。金鸡峰丛的观景台需收取每人30元的门票，还可付费乘坐观光车（30元）游览景区。虽然所有的花田都是免费拍摄的，但要注意保护自然景观，不要践踏花田。

门票： 免费
营业时间： 全天开放

◆ 九龙瀑布群
见51页地图

九龙瀑布群位于罗平县城东北22公里的九龙河上，是罗平古十景中的"三峡悬流"所在地。在长约4公里的河道上，九龙河由西向东流淌，并顺着地势跌落，形成十级高低宽窄不等且形态各异的瀑布群，被誉为"中国最大瀑布群"。其中最大的神龙瀑宽112米，高56米，十分壮观。瀑布与瀑布之间有无数的浅滩和深潭，各显丰姿。这些瀑布随着季节的更替变化，变幻无穷，令人目不暇接。丰水季节，数里之外便会听到大瀑布的轰然响声。

门票： 60元
营业时间： 8:30—17:00
微信公众号： 罗平九龙瀑布群景区

◆ 鲁布革小三峡
见51页地图

鲁布革电站蓄水发电以后，原来幽深神秘的峡谷形成了一片人工湖泊。鲁布革是布依语的汉语读音，"鲁"是民族的意思，"布"指山清水秀，"革"是村寨之意，结合起来就是山清水秀的布依村寨。这里位于罗平县城以东50余公里处，"三峡"指的是雄师峡、滴灵峡、双象峡，整个峡区群峰耸峙，游客还可欣赏到飞龙瀑布。景区需要乘船游览，门票已包含船费，水上行程大约1.5小时，囊括了"三峡"和飞龙瀑布。

门票： 100元含船费
营业时间： 8:00—17:30

▲ 九龙瀑布群

东川红土地成因

东川红土地的红色土壤是由于特殊的自然条件和地质作用形成的。东川红土地的土壤含有较多的铁和铝成分，这些金属元素在土壤中的氧化作用下，形成了红色或赤红色的土壤。同时，云南东川地区属于亚热带高原季风气候，高温多雨的气候条件有利于土壤中铁质的氧化作用。再加上长期的人类活动，如农业耕作，也影响了土壤的结构和成分，可能加速了红色土壤的形成。

◆ 那色峰海
见51页地图

那色峰海位于罗平县旧屋基彝族乡大补董村，隐藏在万峰林自然保护区深处，以壮美的景色吸引着众多游客和摄影爱好者。这里是典型的喀斯特地貌，由成千上万座石灰岩山峰组成，形成了一片壮观的峰海。那色峰海不仅是自然爱好者的天堂，也是摄影爱好者的绝佳拍摄地。这里的云雾、峰林、村寨和彝族文化共同构成了一幅动人心魄的画卷，让人流连忘返。登上观景台，可以俯瞰那色峰海的云海和峰林，一静一动，动静结合，造就了四时不同的自然景观和波澜壮阔的美丽画面。

门票： 30元
营业时间： 8:00—17:00

◆ 凤凰谷
见51页地图

凤凰谷位于曲靖市师宗县五龙壮族乡，以独特的喀斯特地貌、亚热带气候和丰富的生态资源而闻名，是一个充满诗意和自然美景的地方。景区的主要景观包括凤凰洞、狮象峰、烧香石、神秘宫、蒹葭滩、女儿湖和湖滨游场等。凤凰洞以其奇、大、险、绝的特点著称，洞顶到地面的垂直高度达到218米，洞口宽30米。凤凰谷内绝壁万仞，溪水潺潺，溶洞幽深，谷内女儿湖清澈见底，湖畔丛林茂密，泛舟遨游在湖上，谷内各种鲜花散发着宜人的芳香，令人心醉神迷。

门票： 30元
营业时间： 8:00—18:00

文山壮族苗族自治州 0876

◆ 普者黑
见51页地图

普者黑被誉为"世间罕见、中国独一无二的喀斯特山水田园风光"，因湖南卫视节目《爸爸去哪儿》曾在此取景而被众人熟知，电视剧《三生三世十里桃花》更是让普者黑深入人心。"普者黑"是彝族的语言，意为"盛满鱼虾的湖泊"，月亮洞、火把洞、观音洞和仙人洞等喀斯特溶洞是普者黑最大的看点，除此之外，这里还有300多座山峰、54个湖泊、4万亩荷花、6万亩高原喀斯特湿地以及绚烂多彩的少数民族风情。火把节（农历六月左右）和花脸节（农历二月左右）的风俗特殊而有趣，绝对让人不虚此行。

门票： 免费，各游览线路单独收费
营业时间： 8:00—17:30
微信公众号： 普者黑景区

红河哈尼族彝族自治州　0873

◆ **碧色寨**　见51页地图

碧色寨是一个欧洲风格的云南边陲小镇，原名"坡心"，曾是个碧石铁路和滇越铁路的交会地，催生了当时滇越铁路上唯一的特级站，小镇因而成为当时云南数一数二的开放、繁华之地，历史上有"小香港""小巴黎"之称。如今这里保留了法国员工宿舍、火车站钟、碧色寨站、百年水塔、警察局等历史遗存，仍可见当年的辉煌历史，近来因冯小刚导演的电影《芳华》而走红网络。碧色寨站是一座亮黄色的法式建筑，极具年代感，火车迷和《芳华》的粉丝都会来此膜拜和打卡。

门票： 免费

营业时间： 全天开放

微信公众号： 碧色寨景区

◆ **建水古城**　见本页地图

建水古城古称临安，始建于唐代，距今已有1200多年历史。城内有保存完好的精美古建筑50余座，堪称一座古建筑博物馆和民居博物馆。古城不大，主要由以临安路为中心的几条街道组成。城内的朱家花园、学政考棚和文庙都比较有名，此外也有很多古建筑值得驻足。在建水的街头巷尾，随处可见烧豆腐果。几个人坐在小板凳上，围着一个小火盆，上面架个铁架子，寸方的豆腐在上面被烤成焦黄色，令人垂涎欲滴。

学政考棚 始建于清康熙年间，全名云南提督学院考棚，是当年临安、元江、开化、普洱四府学子进行院试的场所。考棚占地面积约6000平方米，共百余个房间。如今这里设有5座常设展馆，介绍了古代科举考试、建水文化渊源及建水文庙的历史等。**朱家花园** 位于建水古城中心翰林街中段，始建于清光绪年间，花了二三十年才建成。这是清朝富商朱氏兄弟所建的家宅，整片建筑坐南朝北，占地面积达2万多平方米，建筑主体呈纵四横三布局，规模宏大。214间房屋，42个天井，处处都有讲究。**建水文庙** 始建于元朝，后历经50多次增建扩修，六进院落以"洙泗渊源"牌坊为分割线，南面是学海，北面是主建筑群，建筑依南北轴线纵深分布，格局严谨。最重要的建筑为先师殿，殿内悬挂着清朝八位皇帝御题的匾额，木雕屏风的雕刻十分精美。

门票： 古城免费，各景点单独收费

营业时间： 全天开放

微信公众号： 建水古城旅游

◆ **观光米轨小火车**　见本页地图

观光米轨小火车是建水古城不可错过的旅游体验，它不仅提供了一种独特的交通方式，还能让游客沿着历史悠久的铁路线欣赏沿途的风景和文化遗迹，这条线路被称

前往河口

从蒙自沿开河高速可前往河口口岸，从这里过境前往越南。作为中越边境的重要口岸，这里一派边境贸易的繁忙景象，也是了解两国文化的好地方。中越铁路大桥位于河口县城，全长121米，如今为火车专用铁路，是连接中国和越南的重要交通设施。在滇越铁路中国段的最南端，可以近距离见证列车在米轨上穿越边境。

云南省 55

为"中国最美的米轨小火车"。小火车的起始站是临安站，这个站点本身就充满了历史感，它的名称源自建水古城在民国之前的旧称。从临安站出发，小火车沿途会经过双龙桥站、乡会桥站和团山站等几个站点，每个站点都有其独特的历史文化和风景名胜。双龙桥又被称为"十七孔桥"，桥身中间有楼阁，南端有六角攒尖顶亭，拥有极高的艺术价值；团山站则靠近著名的团山村，这里的古民居历经600余年风雨仍保存完好。

车票： 往返硬座/软座100/120元
营业时间： 一天两趟，分别在9:00、14:30从临安站发出
微信公众号： 建水古城小火车

▲ 建水文庙

◆ **团山村** 见51页地图

团山村位于建水县城以西10余公里处，个碧石铁路从村口穿过，交通便利，是一个具有深厚历史文化底蕴的古村落。团山村的历史可以追溯到600多年前的明朝时期，其建筑布局以天井为核心，包括"四合五天井""三坊一照壁""一进两院或四院"等云南传统民居的主要特征。村内的张家花园是团山村最有代表性的建筑之一，它是一组包含居住、防御、祭祀功能的庄园式民居建筑群，占地面积达3000多平方米，代表了当时建水地区房屋营造技艺的高超水平。村内还有锁翠楼、上庙、留苑、司马第等历史建筑，各有出彩之处。2006年，团山村入选《世界纪念性建筑遗产名录》。

门票： 30元
营业时间： 8:00—18:00

◆ **元阳梯田** 见51页地图

这片梯田距今有1200多年历史，规模宏大，是哈尼族人世世代代留下的杰作，同时还是联合国教科文组织世界文化遗产，被誉为"中国最美的山岭雕刻"。11月至次年3月是梯田的最佳观赏季，此时梯田放水，能映射出日出、日落、蓝天的变幻色彩，容易拍出大片。梯田景区由坝达、老虎嘴、多依树、箐口4部分组成。来到梯田，一是看梯田壮美的日出日落，二是看哈尼族村寨的独特风情。多依树梯田最为特别的是金色的云彩，因这里常被雾气笼罩，日出时会形成霞光万丈的奇景，霞光和彩云倒映在梯田中，使此处成了摄影师最爱的取景地。

门票： 70元
营业时间： 6:00—19:30
微信公众号： 元阳哈尼梯田景区

▼ 观光米轨小火车

滇东山水风光之旅

食宿推荐

🍲 **当地美食**

会泽县	稀豆粉、洋芋粑粑
罗平县	花米饭、干锅牛肉、鸡汤菌火锅
普者黑	小黑药炖鸡、撒尼荷叶粥、酸汤鸡
建水县	建水燕窝酥、泡糕、建水狮子糕
元阳县	炸竹虫、烤乳猪、哈尼牛肉松

🛏 **热门住宿地**

会泽县	会泽古城
罗平县	九龙瀑布群、多依河、罗平油菜花景区
普者黑	仙人洞村、青龙山
建水县	建水古城、朱家花园、团山民居
元阳县	元阳梯田、南沙镇、普高老寨

图书在版编目（CIP）数据

云南 / "中国自驾游"编写组编写． -- 北京：中国地图出版社，2025.1． -- （中国自驾游）． -- ISBN 978-7-5204-3948-0

Ⅰ．K928.974

中国国家版本馆 CIP 数据核字第 20240V8Z07 号

主　　编	马　珊
责任编辑	喻　乐
编　　辑	戴　舒　叶思婧　李潇楠
责任地图	田　越
地图编制	张晓棠　王宏亮　张晓娜
封面设计	李小棠
版　　式	王愔嫕　风尚境界
流程管理	王若玢
责任印制	苑志强

中国自驾游·云南

ZHONGGUO ZIJIA YOU · YUNNAN

出版发行	中国地图出版社
社　　址	北京市西城区白纸坊西街3号
邮政编码	100054
网　　址	www.sinomaps.com
印　　刷	北京盛通印刷股份有限公司
经　　销	新华书店
成品规格	210mm×297mm
印　　张	3.5
版　　次	2025年1月第1版
印　　次	2025年1月北京第1次印刷
定　　价	29.90元

书　　号	ISBN 978-7-5204-3948-0
审图号	GS京（2024）1398号

咨询电话：010-83543938（编辑），010-83543933（印装），010-83543958（销售）
本书图片由视觉中国提供。